SE
SHOEISHA

비즈니스를
성공으로 이끄는
데이터 활용

Business Data

정보문화사
Information Publishing Group

ビジネスを成功に導くデータ活用実践ガイド
(Business wo Seiko ni Michibiku Data Katsuyo Jissen Guide:7806-6)
ⓒ 2023 INCUDATA Corp.
Original Japanese edition published by SHOEISHA Co.,Ltd.
Korean translation rights arranged with SHOEISHA Co.,Ltd.
in care of Tuttle-Mori Agency, Inc. through Imprima Korea Agency.
Korean translation copyright ⓒ 2024 by INFORMATION PUBLISHING GROUP

비즈니스를 성공으로 이끄는
데이터 활용

초판 1쇄 인쇄 | 2024년 8월 10일
초판 1쇄 발행 | 2024년 8월 20일

지 은 이 | 인큐데이터(이이즈카 타카유키, 카와이 켄노스케, 오카나가 타쿠야)
옮 긴 이 | 김모세

발 행 인 | 이상만
발 행 처 | 정보문화사

책임편집 | 노미라
편집진행 | 명은별
교정교열 | 이수지

주   소 | 서울시 종로구 동숭길 113 정보빌딩
전   화 | (02)3673-0037(편집부) / (02)3673-0114(代)
팩   스 | (02)3673-0260
등   록 | 1990년 2월 14일 제1-1013호
홈페이지 | www.infopub.co.kr

I S B N | 978-89-5674-984-6

들어가며

'데이터'는 컴퓨터 및 인터넷 보급과 함께 대량으로 생성됐으며 데이터 처리, 분석, 활용을 위한 다양한 기술들이 개발됐습니다. 수많은 서비스의 뒤편에서 대량의 데이터가 만들어졌고 비즈니스 현장에서 분석·활용되고 있습니다.

데이터를 활용함으로써 다른 기업과 압도적으로 차별화된 고객 경험을 제공하고, 자사 서비스를 크게 발전시켜 온 기업들이 있습니다. 소위 플랫포머(Platformer)라 불리는 사업자들은 대량의 데이터를 분석하고 고객의 흥미와 기호에 맞춘 상품·서비스를 제안함으로써 고객 만족도를 높이고 있습니다.

그리고 데이터를 분석하고 활용하는 것 자체가 비즈니스 모델의 근간이 되는 새로운 시장도 확장되고 있습니다. 그 대표적인 예가 리테일 미디어(Retail media)입니다. 리테일 미디어는 리테일 사업자가 자사가 가진 고객 데이터와 고객 접점을 광고 사업에서 사용하는 비즈니스 모델을 가리킵니다. 리테일 사업자는 EC, 애플리케이션, 매장의 디지털 사이니지 등 자사가 가진 다양한 고객 접점을 활용해 마케팅 활동을 함으로써 상품이나 서비스의 구매 의욕을 높일 수 있습니다. 각 제조사는 자사가 가진 상품·서비스를 제공하고 싶은 고객에 대해 리테일 사업자가 가진 고객 접점을 활용해 마케팅할 수 있게 함으로써 리테일 사업자는 광고 수입을 얻을 수 있습니다. 이 비즈니스 모델을 성립시키기 위해서는 데이터 분석이 필수입니다. 리테일 사업자가 자사가 가진 데이터를 분석함으로써, 많은 메이커가 접근하고 싶은 고객을 높은 정확도로 추출하고 타기팅할 수 있는가가 중요합니다.

이런 사례를 통해 데이터가 비즈니스 성장에 크게 기여하고 있음을 알 수 있을 것입니다.

그러나 일반적으로 데이터 자체가 가치가 되는 동시에 수익을 올릴 수 있는 케이스는 매우 한정적입니다. 리테일 미디어의 경우에도 일반 소비지와 접점이 있고, 자사의 고객이 특징적으로 타기팅하기 매우 쉬운 경우 또는 대량의 구매 데이터나 고객 데이터로부터 고객 행동을 분석할 수 있어야만 비즈니스로 만들어낼 수 있습니다. 많은 비즈니스에서 데이터는 사업상 도움은 되지만 주역은 되지 못하는 케이스가 압도적으로 많습니다.

그렇기 때문에 데이터를 어떤 목적으로 어떻게 활용해야 비즈니스에 활용할 수 있는가? 라는 관점이 중요합니다. 실제로 많은 기업에서 비즈니스 활용이라는 관점을 누락한 채로 데이터 플랫폼을 구축하고 있는 케이스나 일부 이니셔티브에서 외부 데이터를 활용하지 못해 그 효과가 제한된 케이스도 많이 볼 수 있습니다.

또한 데이터 활용은 일회성으로 끝나는 것이 아닙니다. 분석의 PDCA를 실행함으로써 성과로 연결할 수 있습니다. 그리고 이를 위한 구조를 만드는 동시에 인재도 육성해야 합니다.

이 책에서는 데이터를 비즈니스에 활용하는 것을 염두에 두고 왜, 어떤 목적으로 무엇을 위해 데이터를 분석해야 하는가, 이를 위해 필요한 시스템 인프라스트럭처나 조직, 업무 프로세스는 무엇인가와 데이터를 비즈니스에 활용하기 위해 필요한 다양한 관점에 관해 설명합니다.

이 책의 구성

0장에서는 왜, 지금 기업에게 데이터 활용이 필요한지에 관해 설명합니다. 또한 오늘날의 개인 정보 보호 등 데이터 활용을 둘러싼 외부 환경에 관해 설명합니다.

1장에서는 데이터 활용을 시작하기 전에 고려해야 할 비즈니스 목적을 결정하는 방법에 관해 설명합니다. 데이터 활용은 어디까지나 비즈니스 목적을 달성하기 위한 수단입니다. 데이터 활용 자체가 목적이 되면 그 노력은 비즈니스 성과로 이어지지 않고 반드시 실패로 끝납니다. 그리고 기업이 고객 경험을 개선하기 위한 데이터 활용에 뛰어들 때는 경영자, 사업 책임자, 현장의 사업 담당자, IT 부문 담당자를 포함해 많은 관계자가 기여합니다. '왜' 데이터 분석을 해야 하는지에 관해 모든 구성원이 같은 방향을 보고 같은 목적 의식을 갖고 수행하기 위한 방법을 제시합니다.

2장에서는 데이터를 활용하기 위해 필요한 고객 데이터 플랫폼 구축에 관해 설명합니다. 일반적인 기업 중에서는 웹사이트나 애플리케이션, 기간 계열 시스템 등이 각각 개별적으로 고객 데이터를 저장하고 있으며, 데이터들이 분절돼 있습니다. 고객 경험을 향상시키기 위해서는 그 고객 접점을 가로질러 데이터를 통합해야 합니다. 그러기 위해서 필요한 고객 데이터 플랫폼을 구축할 때 주의해야 할 포인트를 중심으로 설명합니다.

3장에서는 실제로 데이터를 활용하는 기업 안의 조직을 어떻게 구축하고, 운영해야 하는가에 관해 설명합니다. 실제로 목적을 정의하고 필요한 데이터 인프라스트럭처를 정비했다 하더라도 그것을 활용하기 위한 조직을 올바르게 운영하지 않는 한, 비즈니스 성과로 이어지지 않습니다. 따라서 필요한 KPI 설계나 인재 육성에 관해 살펴봅니다.

4장에서는 1장부터 3장까지 설명한 내용에 따라 실천한 결과를 기업 실례와 함께 구체적으로 소개합니다. 다양한 업종에서의 노력에 대해 어떤 과제를 안고 있어 데이터 활용을 추진하게 됐는지, 실제 데이터 활용 추진 방법이나 성과들에 관해 살펴봅니다.

그리고 0장부터 3장까지 각 장의 끝에는 실제 그 노력을 추진할 때 확인해야 할 포인트를 확인 리스트로 기재했습니다. 이 내용을 확인하고 데이터 활용을 추진할 때 비즈니스 성과로 연결되는 추진 방법을 택하고 있는지 검증해 보는 것도 좋습니다.

이 책을 손에 든 여러분은 데이터를 비즈니스 실무에 활용하는 방법을 물심양면으로 찾고 있는 분이라고 생각합니다. 우리 이큐데이터는 데이터를 활용할 때 얻을 수 있는 효과가 매우 높다고 생각합니다. 이 책이 올바른 순서를 밟아 데이터 활용을 추진하는 데 도움이 되길 바랍니다.

인큐데이터 주식회사 솔루션 본부 본부장
이이즈카 타카유키(飯塚貴之)

차례

제 0 장
기업의 데이터 활용 현황과 향후 전망

제1장

목표로 삼아야 할 고객 경험을 설계하기

제2장
고객 경험 가치 향상을 위한 고객 데이터 통합과 분석

제 3 장

기업 안의 변혁을 시도하기

제4장

데이터 활용 사례집

제 0 장

기업의 데이터 활용
현황과 향후 전망

0.1 데이터에 대한 안이한 환상을 버리기

오히려 경영층이 데이터 활용에 안달하게 된 배경

'데이터는 21세기의 석유'라 불린 이후 벌써 10년이 지났지만 아직 일본에서는 기업의 데이터 활용이 충분하게 진행되지 않았습니다.

플랫포머(Platformer)라 불리는 사업자들이 압도적인 데이터를 무기로 영향력을 행사하고 있는 가운데, 기업 경영층은 자사의 비즈니스가 선구적인 노력을 하고 있는 기업들에 의해 침식돼 가는 것을 느끼고 '데이터를 중심에 두는 노력을 하자!' 같은 외침을 현장에 내보냈습니다. 그에 따라 기업은 데이터 활용을 추진하기 위한 새로운 부문을 만들거나, AI 계열의 스타트업 기술을 도입하거나, 자사의 데이터를 자산화하기 위해 데이터를 외부에 판매하게 됐습니다.

실패로 끝나버린 데이터 활용을 위한 기업의 노력

데이터 활용 추진 부문은 데이터를 사용해 수익 향상을 할 것인지, 업무 효율화를 할 것인지 등 데이터 활용의 필요성이나 목적이 명확하지 않은 상태로 큰 기대를 갖고 데이터 활용 노력을 추진하게 됐습니다.

데이터 활용을 비즈니스 성과로 연결하기 위해서는 실제로 현장을 이해하고 있는 사업 부문에서의 다양한 협력이 필수입니다. 그러나 신설된 데이터 추진 부문은 여러 사업 부문에 대해 데이터 활용을 위한 권한을 갖지 못하고, 한정된 인원이 실행할 수 있는 업무 또한 한계가 있기 마련입니다. 그 결과, 성과로 잘 이어지지 않고 업무 부담이 증가하기 때문에 사업 부문이 데이터 활용 자체를 회의적으로 생각하게 되어버리는 경우가 있습니다. 그리고 IT 부문이 소관하는 시스템과는 독립된 도구나 시스템 도입을 진행해 IT 부문이 위험을 느끼는 케이스도 있습니다(그림 0.1.1).

그 결과 신설 데이터 추진 부문은 충분한 성과를 내지 못한 채 해체되고 경영층은 데이터 활용에 환멸을 느끼게 됩니다.

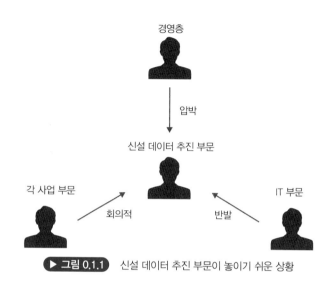

경영층

↓ 압박

신설 데이터 추진 부문

각 사업 부문 → 회의적   반발 ← IT 부문

▶ 그림 0.1.1 신설 데이터 추진 부문이 놓이기 쉬운 상황

특히 대기업에서는 스타트업의 참신함에 빠져서 임원의 지지를 받아 자사의 비즈니스와의 시너지가 명확하지 않은 AI 계열의 스타트업과 협업하거나 서비스를 도입하기도 합니다(그림 0.1.2). 하지만 이 또한 비즈니스 성과로는 충분하게 이어지지 않고, 밑 빠진 독에 물을 붓는 듯 사라지는 노력들도 셀 수 없이 많습니다. 이런 노력에 따르는 단점은 스타트업 기업과 관련된 것인데, 디지털 민감도가 높은 유망한 젊은 직원이 자유로운 업무 방식, 연공서열에 얽매이지 않은 기량 등에 이끌려 퇴직해 버리는 것입니다.

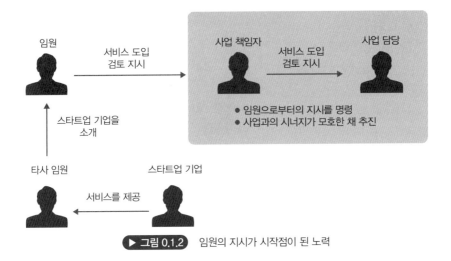

▶ 그림 0.1.2   임원의 지시가 시작점이 된 노력

대기업 특유의 실패 사례도 있습니다. 필자가 생각할 때 대기업은 자사가 가진 데이터의 가치를 과대평가하는 경향이 있습니다. '우리는 사회로부터 신뢰를 받고 있는 기업이기 때문에', '인구의 약 80%가 우리의 고객이기 때문에'와 같이 고객을 그다지 배려하지 않고 기업의 입장에서 큰 구조나 서비스를 만들고 맙니다(그림 0.1.3).

자사 관점에서는,
● 고객 수가 매우 많다
● 만들어 내는 데이터양이 많다
● 분석을 통해 다양한 시사점을 얻을 수 있다
  → 데이터를 현금화(monetize) 할 수 있다

한편, 시장의 관점에서는,
● 얻을 수 있는 데이터 종류가 한정적이다
● 타사에서도 유사한 서비스가 있다
● 애초에 사용 용도를 알 수 없다
  → 전혀 확장할 수 없다

▶ 그림 0.1.3   자사가 가진 데이터의 가치를 과대평가

이렇게 데이터 활용과 관련된 기업들의 실패한 노력을 수없이 찾아볼 수 있습니다. 소위 붐에 편승해 조직을 만들었지만 경영층을 포함해, 기업이 데이터 활용을 위해 노력하는 각오가 부족했습니다. 즉, 어중간한 노력을 추진해서 실패하고 멋대로 환멸을 느끼는 것입니다.

0.2 데이터에 대한 개인 의식 향상

프라이버시나 데이터 보호에 대한 의식

기업의 본질적인 데이터 활용의 진행 속도보다 빠르게 사회에는 큰 변화가 나타나고 있습니다. 한 가지 예로 일부 플랫포머의 데이터가 매우 정교하게 개인을 특정하고, 리타기팅 등의 광고 송출 기술 발전에 따라 개인이 기업의 데이터 활용에 대해 큰 반감을 가지게 된 것을 들 수 있습니다.

일본인은 특히 그런 경향이 강합니다(그림 0.2.1). 극단적인 예로, 어떤 사람의 목숨과 관련된 사항을 서비스 제공 사업자가 검지(検知)했다 하더라도, 본인이 원하지 않는 형태로 데이터를 활용하는 것은 허용할 수 없다고 느끼는 경우가 많습니다.

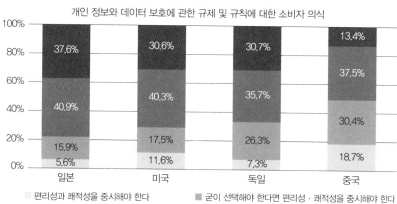

개인 정보와 데이터 보호에 관한 규제 및 규칙에 대한 소비자 의식

	일본	미국	독일	중국
안정성·안전성을 중시해야 한다	37.6%	30.6%	30.7%	13.4%
굳이 선택해야 한다면 안정성·안전성을 중시해야 한다	40.9%	40.3%	35.7%	37.5%
굳이 선택해야 한다면 편리성·쾌적성을 중시해야 한다	15.9%	17.5%	26.3%	30.4%
편리성과 쾌적성을 중시해야 한다	5.6%	11.6%	7.3%	18.7%

- 편리성과 쾌적성을 중시해야 한다
- 굳이 선택해야 한다면 안정성·안전성을 중시해야 한다
- 굳이 선택해야 한다면 편리성·쾌적성을 중시해야 한다
- 안정성·안전성을 중시해야 한다

일본의 소비자는 다른 국가에 비해 개인 정보나 데이터 보호에 관해 편리성·쾌적성보다 안정성·안전성을 중시한 규제와 규칙 만들기를 원하는 목소리가 높다

▶ 그림 0.2.1   데이터 유통 및 사용·활용에 관한 의식 및 상황 조사[1]

---

1   다음 자료를 참조로 인큐데이터에서 작성: 총무성(2020), '데이터 유통 환경 등에 관한 소비자의 의식에 관한 조사 연구', https://www.soumu.go.jp/johotsusintokei /linkdata/r02_04_houkoku.pdf

예를 들면 스마트 워치 사업자가 맥박 변화 등으로부터 이상을 검지했다 하더라도 본인의 허가 없이 구급 시설에 연락하는 것을 거부하는 사례가 여기에 해당합니다.

개인 정보 보호를 중시한 법령 개정

기업이 고객이 의도하지 않은 형태로 데이터를 활용하지 않게끔 법령 개정도 진행되고 있습니다. 2018년 5월에 유럽에서 GDPR(General Data Protection Regulation)이 시행된 것을 계기로 일본에서도 '개인 정보 보호에 관한 법령'(이하 '개인 정보 보호법')[2]이 개정돼 2022년 4월부터 시행됐습니다.

개인 정보 보호법에서는 본인이 개인 정보의 제3자 제공 기록에 관해 기업에게 폐기를 청구할 수 있는 권리가 규정돼 있습니다. 기업이 이 의무를 수행하기 위해서는 '제3자에게 데이터를 제공한 것을 기록하는 것'과 함께, '이 데이터를 청구한 본인의 데이터에 해당하는지 식별할 수 있는 것'이 필요하며 이를 위한 시스템·업무를 준비해야 합니다. 그리고 2022년에 시행된 개정 개인 정보 보호법에서는 데이터의 제공원에 있어서는 개인 데이터에 해당하지 않지만, 제공처에 있어서는 개인 데이터에 해당하는 정보의 제3자 제공에 관해, 제공원에 본인의 동의를 얻었는지 등에 대해 확인할 의무를 지우고 있습니다(그림 0.2.2).

데이터 활용을 추진하고자 하는 기업은 이와 같이 기업의 책임에 관해 수행해야 할 의무 및 이를 위해 준비해야 할 사항이 매년 늘어나고 있다는 것을 반드시 주지해야 합니다.

---

2   옮긴이: 대한민국 법령, 개인 정보 보호법, https://www.law.go.kr/법령/개인 정보보호법

1	개인의 권리 본연의 자세	사용 정지·삭제 등 개인 청구권에 관해 일부 법 위반의 경우에 더해, 개인 권리 또는 정당한 이익이 손상될 우려가 있는 등에도 확충한다. 보유 개인 데이터 개시 방법에 관해, 전자적 기록의 제공을 포함해 당사자가 지시할 수 있게 한다. 개인 정보 수수에 관한 제3자 제공 기록에 대해 본인이 당사자가 공개 청구할 수 있게 한다. 6개월 이내에 삭제하는 단기 보존 데이터는 보유 개인 데이터에 포함하며 공개, 사용 정지 등의 대상으로 한다. 옵트아웃 규정에 의해 제3자에게 제공할 수 있는 개인 데이터의 범위를 한정하며, ① 부정 취득된 개인 데이터, ② 옵트아웃 규정에 의해 제공된 개인 데이터에 대해서도 대상에서 제외한다.
2	사업자가 지켜야 할 책무의 본연의 자세	누출 등이 발생해 개인의 권리 이익을 침해할 우려가 큰 경우, 위원회에 대한 보고 및 본인에 대한 통지를 의무화한다. 위법 또는 부당한 행위를 조장하는 등의 부적절한 방법으로 개인 정보를 사용해서는 안 된다는 사실을 명확하게 한다.
3	사업자에 의한 자주적인 대처를 촉진하는 구조의 본연의 자세	인정 단체 제도에 대해 현행 제도와 더불어 기업의 특정 분야(부문)를 대상으로 하는 단체를 인정할 수 있게 한다.
4	데이터 이용 및 활용의 본연의 자세	이름(성, 이름) 등을 삭제한 '가명 가공 정보'를 만들고 내부 분석에서의 사용으로 한정하는 등의 조건으로 개시·사용 정지 청구에 대한 대응 등의 의무를 완화한다. 제공원에 있어서는 개인 데이터에 해당하지 않지만, 제공처에 있어서는 개인 데이터가 되는 '개인 관련 정보'의 제3자 제공에 대해서 본인 동의가 이루어지고 있는지 등의 확인을 의무화한다.
5	페널티의 본연의 자세	위원회에 의해 명령 위반, 위원회에 대한 허위 보고 등의 법정형을 끌어올린다. 명령 위반 등의 벌금의 경우 법인과 개인의 자력 격차 등을 감안해, 법인에 대해서는 행위자보다 벌금형의 최고액을 높인다(법인 중과).
6	법 영역 이외의 적용·국경을 넘는 데이터 이전의 본연의 자세	일본 국내에 있는 자와 관련된 개인 정보 등을 취급하는 외국 사업자를 벌칙에 의해 담보된 보고 징수 및 명령의 대상으로 삼는다. 외국에 있는 제3자에게 개인 데이터 제공 시 이전처 사업자의 개인 정보 취급에 관한 본인에 대한 정보 제공의 충실 등을 요구한다.

▶ 그림 0.2.2 2022년 전면 시행된 개정 개인 정보 보호법의 6가지 포인트[3]

---

3 개인 정보 보호 위원회, '레이와 2년 개정 개인 정보 보호법에 관해', https://www.ppc.go.jp/files/pdf/r2kaiseihou.pdf

기업 데이터 활용을 추진하는 규칙도 정비해야 한다

한편, 개인 정보 보호에 중점을 두면서도 익명 가공 정보(특정 개인을 식별할 수 없도록 개인 정보를 가공해 해당 정보를 복원할 수 없도록 한 정보)나 가명 가공 정보(다른 정보를 참조하지 않는 한 특정한 개인을 식별할 수 없도록 개인 정보를 가공해 얻은 개인에 관한 정보)와 같이 기업 데이터 활용을 추진하기 위한 새로운 구조가 도입되고 있습니다.

이런 새로운 구조는 데이터 활용을 촉진할 때 중요한 선택지인 한편, 구체적인 데이터 가공 방법을 기술적으로 이해하고 충분한 익명성을 보장해야 하므로 고도의 지식이 요구됩니다. 예를 들어 나이, 지역별로 집계한 데이터는 얼핏 보면 충분한 익명성을 보장하는 듯하지만, 여기에 해당하는 개인이 극소수이면(예를 들면 고령자를 나이, 지역별로 나눴을 때는 해당자가 한정되는 등) 개인을 식별할 수 있게 될 가능성이 있습니다. 이것은 어디까지나 한 가지 예이지만 다루는 데이터가 개인 정보나 익명 가공 정보, 가명 가공 정보 등 법령에 따라 어떻게 분류되는 데이터인지 올바르게 판별하고, 각각에 대해 정해진 법적 요건 등을 만족한 상태에서 활용해야 합니다.

기업에는 3년마다 수정되는 법령을 준수한 상태에서 데이터를 활용하는 것이 엄격하게 요구됩니다(그림 0.2.3). 그 내용을 충분하게 이해한 뒤 실무에서 데이터를 활용해야만 합니다. 이전에 비해 데이터 활용의 장벽이 크게 높아졌다고 볼 수 있습니다.

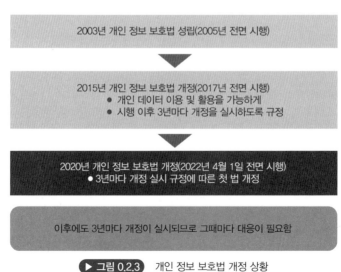

▶ 그림 0.2.3 개인 정보 보호법 개정 상황

0.3 왜 데이터를 활용해야 하는가?

그럼에도 불구하고 기업에게 데이터 활용은 필수이다

기업은 실패를 반복하고 사회적으로는 개인 정보 취급에 조심해야 함에도 불구하고 왜 데이터 활용에 노력해야만 할까요?

데이터를 올바르게 활용함으로써 기업이 얻을 수 있는 장점을 여러 가지 생각할 수 있습니다. 그중에서도 가장 중요한 것은 데이터로부터 객관적으로 상황을 파악해 감이나 경험에만 의존하지 않고, 사실에 기반해 의사 결정을 하는 것입니다. 데이터를 분석함으로써 고객의 필요를 깊이 이해할 수 있고, 고객 경험을 개선하기 위한 포인트를 명확하게 할 수 있고, 적절하고 정확한 행동을 취함으로써 비즈니스 발전에 기여할 수 있습니다.

⊙ 데이터를 활용해 적절하고 정확하게 비즈니스 성과로 연결한다

구체적인 이미지를 그려 보기 위해 어떤 이직 지원 서비스의 데이터 활용에 관한 다음 사례를 생각해 봅시다. 이 서비스는 서비스에 등록한 이직 희망자(구직자)를 대상으로 직원을 채용하고자 하는 기업을 소개하고, 이직을 지원하는 서비스를 수행합니다. 기업이 구직자를 채용한 뒤 기업 측에서 보수를 받는 일반적인 이직 지원 서비스를 전제로 합니다.

- 서비스 등록자 수는 순조롭게 증가하고 있지만 수익으로는 연결되지 않는다
- 서비스 등록자가 이직에 성공하는 확률을 높이고 싶다

이 상황에서 서비스 등록 후 이직에 성공하기까지의 과정 중 과제가 있는 위치(즉, 병목)의 데이터를 분석함으로써 명확하게 할 수 있습니다. 예를 들면 다음과 같습니다.

- 이직 의향을 파악하기 위한 메일 매거진이나 구인 정보 안내에 대한 반응률
- 해당 정보 제공으로부터 전이한 콘텐츠 열람 상황
- 경력 조언가와의 상담 설정 유무 등

여기에서 예를 든 각각의 데이터를 시각화함으로써 서비스 사용자가 이직에 성공하기까지의 과정 중에서 병목이 되는 포인트를 명확하게 합니다.

그 뒤, 데이터 분석을 통해 병목을 해소하기 위한 이니셔티브(initiative)를 수립할 수 있습니다. 경력 조언가와의 상담으로부터 채용 응모에 이르는 확률이 낮다면, 서비스 사용자가 상담에는 응했지만 이직에 대한 의욕이 실제로는 높지 않을 가능성을 생각할 수 있습니다. 메시지 확인, 열람 상태, 최근 사이트 방문, 자료 다운로드 여부로부터 이직 의향의 정도를 점수화하면 높은 점수를 획득한 구직자에게 우선적으로 경력 조언자가 더 많은 지원을 하는 등으로 접근할 수 있습니다. 그리고 이후 성과를 분석해 효과적인 노력이었는지 검증할 수도 있습니다.

이렇게 자사의 상품이나 서비스를 개선하기 위한 의사결정에 있어 데이터 분석은 매우 중요한 역할을 담당할 수 있습니다.

데이터 활용이 만들어 내는 효과를 얻는 방법

앞서 설명한 내용은 데이터를 활용한 이니셔티브의 한 예에 지나지 않습니다. 데이터 분석을 통해 효과를 얻을 때 단순히 '메일 매거진의 열람률이 올랐다', '클릭률이 개선됐다' 같은 개별적인 사실만 보는 것은 적절하지 않습니다. 데이터에 따라 노력해야 할 과제가 명확해지고, 개별 이니셔티브를 효과적으로 실행하고, 결과적으로 만들어지는 일련의 고객 경험이 서비스 품질을 개선하는 데 크게 기여합니다. 그 결과 고객 만족도가 향상하고 이탈 방지로 연결되는 등 폭넓은 효과를 낳는 것을 기대할 수 있기 때문입니다.

앞서 예를 든 이직 지원 서비스의 경우 해당 이직 에이전시를 통해 이직했다면 다음번 이직을 할 때도 같은 서비스를 사용할 가능성이 높아질 것입니다.

데이터를 활용한 노력을 추진하기 위해서는 일정 수준의 시스템 개발과 인재 육성에 대한 투자가 필요합니다. 기업 안에서 이에 관한 의사 결정을 하기 위해서는 서비스 품질을 막연한 감으로 개선하지 않고, 그 투자에 알맞은 정량적인 효과를 목표로 해

야 합니다. 하지만 데이터를 활용해 얻을 수 있는 결실을 개별적인 이니셔티브 단위에서 얻으려고 하면 그 효과를 과소평가하게 됩니다. 투자 대비 효과를 단기간에 작은 이니셔티브 단위에만 판단한 결과, 오히려 아무것도 하지 않는 편이 좋았다는 극단적인 판단으로 이어지기도 합니다.

데이터 활용이 만들어 내는 효과를 최대한으로 끌어내려면 데이터를 국소적으로만 활용하는 것이 아니라, 기업의 시각에서 폭넓은 영역의 데이터 활용을 추진해야 합니다(그림 0.3.1). 이를 위해서는 경영층부터 현장에 이르기까지 많은 관계자의 이해를 얻어야 합니다. 데이터를 활용해야 하는 이유를 명확하게 하고 공통의 목적에 맞춰 데이터 활용을 추진해야 합니다. 기업으로서 비즈니스를 어떻게 혁신할지 예측하고 데이터 활용을 추진해야만 비로소 성과를 얻을 수 있습니다.

구체적으로는 이 책에서 소개할 중요한 포인트들을 익힌 뒤 데이터 활용을 추진한다면 확실한 비즈니스 성과로 연결할 수 있을 것입니다.

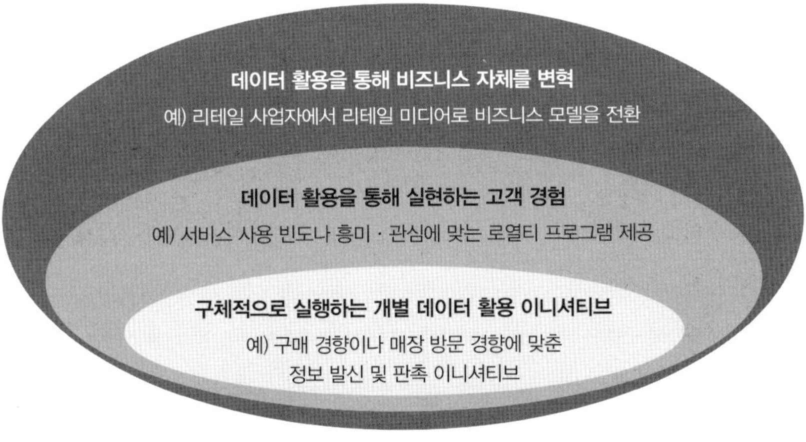

데이터 활용을 통해 비즈니스 자체를 변혁
예) 리테일 사업자에서 리테일 미디어로 비즈니스 모델을 전환

데이터 활용을 통해 실현하는 고객 경험
예) 서비스 사용 빈도나 흥미·관심에 맞는 로열티 프로그램 제공

구체적으로 실행하는 개별 데이터 활용 이니셔티브
예) 구매 경향이나 매장 방문 경향에 맞춘
정보 발신 및 판촉 이니셔티브

▶ **그림 0.3.1** 데이터 활용의 효과를 얻을 때의 이미지

이 책에서 다루는 데이터 활용 영역

이 책에서는 데이터 활용을 통해 기업이 가진 고객 접점을 한층 혁신할 수 있는지, 그리고 이를 위한 노력을 어떻게 추진해야 하는지에 관해 중점적으로 설명합니다.

일반 소비자와의 고객 접점을 가진 기업이라면, 그 접점에서 만들어지는 데이터를 활용해 고객 경험을 향상시키기 위해 매일 머리를 싸매고 있을 것입니다. 스마트폰을 중심으로 한 디지털 접점은 일반 소비자와의 중요한 연결 고리입니다. 하지만 많은 기업이 비슷한 서비스를 제공하고 있으며 일상에서 사용하는 서비스는 매우 한정적입니다. 이런 상황에서 자사의 서비스를 개선하고 고객과의 지속적인 연결을 강화하며 비즈니스를 지속하기 위한 데이터 활용은 반드시 필요합니다.

일반 소비자는 데이터의 개인 정보 보호에 관해 매우 민감합니다. 그런 한편 기업들에게는 자신이 원하는 서비스를 제공하고, 고객 경험을 향상시키기를 바라고 있습니다. 이 책에서는 이런 고객의 필요에 맞춰 경쟁 기업에 대한 우위를 점할 수 있는 고객 경험을 제공하기 위한 노하우들을 소개합니다.

제0장 확인 리스트

기업에서의 데이터 활용의 현재 위치를 이해하기 위한 확인 항목	확인		참조 항목
기업이 데이터 활용을 추진했지만 실패로 끝나버린 케이스도 많은 것을 이해한다		→	0.1
개인 정보나 데이터 보호에 대해 소비자들이 어떻게 느끼고 있는지 이해하고 있다		→	0.2
개인 정보 보호에 관한 법률 개정의 개요를 파악하고 있다		→	0.2
데이터 활용을 추진함에 있어 기업이 어떤 장점을 얻을 수 있는지, 전체적인 이미지를 정리할 수 있다		→	0.3
고객 경험의 개선에 관해서는 소비자가 매우 높은 기대치를 갖고 있음을 인식하고 있다		→	0.3

제 1 장

목표로 삼아야 할 고객 경험을 설계하기

1.1 데이터 활용을 시작하기 전에

공통의 WHY, 말할 수 있습니까?

DX(Digital Transformation)라는 용어는 이제 비즈니스의 필수 과제가 되어 매일 만날 수 있습니다. 많은 기업이 DX를 중장기 경영 전략의 중심에 두고 DX 추진 전문 부서를 만들었습니다. 그리고 지금 이 순간에도 다양한 프로젝트를 추진하고 있을 것입니다. 데이터 활용은 DX라는 기업 변혁에 있어 하나의 중요한 테마의 위치에 있는 경우가 많다고 생각합니다.

이 책을 읽고 있는 여러분들도 데이터 활용을 추진하면서 DX 추진 프로젝트와 모종의 형태로 연관돼 있을 것입니다. 그래서 이렇게 묻고 싶습니다.

　왜 DX를 추친하고, 데이터를 활용해야 할까요?

이 질문에 대해 '경쟁 기업들이 데이터를 활용하기 시작했고, 시장을 점유하고 있기 때문이다'처럼 비즈니스 전체의 과제에 관한 대답이 있는가 하면 '현재 상태에서는 접근할 수 없는 고객을 얻기 위해서이다'처럼 업무의 과제에 관한 대답도 있을 것입니다. 하지만 이 질문에 관한 명확한 대답을 모든 관계자가 공통적으로 인식한 상태에서 추진하고 있는 프로젝트가 얼마나 될까요?

인큐데이터가 2022년 6월 수행한 독자 조사[1]에 따르면 응답한 기업 중 60%의 기업이 DX를 통한 기업 변혁의 새로운 비전 수립, 사내·사외로의 마케팅 전략 책정을 위한 노력을 검토하고 있었습니다.

---

[1]　인큐데이터 독자 조사 개요
　　– 조사 영역: 수도권(도쿄, 가나가와, 치바, 사이타마) 및 오사카
　　– 조사 대상자: 20~69세의 정규직 사원 남여(1차 산업, 종교, 각종 단체는 제외)
　　– 유효 답변 수: 1,500건
　　– 조사 방법: 인터넷 리서치(사용 패널: 크로스 마케팅)

이 조사와 함께 2021년 4월부터 2022년 3월까지 DX 추진을 검토하고 있는 41개 기업의 경영층 및 사업 책임자와 인터뷰를 진행했습니다. 그중 11개 기업은 'DX를 추진할 필요성'과 'DX를 통해 달성하고자 하는 목표'에 관해 사내 공통 인식을 가진 뒤 회의를 진행했습니다. 바꿔 말하면 나머지 30개 기업, 즉 73%에 해당하는 기업은 '명확한 답을 갖고 있지 않다', '전원이 공통된 인식을 갖고 있지 않다'고 볼 수 있습니다.

DX 추진은 기업 전략에 있어 매우 중요한 요소입니다. 일정 수준의 성과를 얻을 때까지는 IT 시스템 쇄신과 같은 재무적 투자는 물론, 직원의 새로운 스킬 습득 및 전문 인재에 대한 투자도 필요합니다. '경쟁 기업들도 DX를 추진하고 있다'는 외부 환경에 맞춘 정책으로 DX를 추진하는 것은 올바른 방법이 아닙니다. 이런 방식의 추진은 '귀찮은 일이 늘어났다', '새로운 것을 기억해야만 한다'처럼 부정적인 사고가 만연하는 원인이 되기 십상입니다. 또한 사내 업무 효율화에만 주력하면 사외의 상황을 고려하지 못해 고객에게 좋지 않은 경험이나 가치를 제공하게 돼 수익이 낮아지는 주객전도의 사태로 이어질 위험도 있습니다.

⊙ 목적을 정하고 DX를 추진한다

DX 추진은 목적을 달성하기 위한 수단입니다. 목적을 정하지 않고 DX를 추진할 수는 없습니다.

먼저 기업으로서 달성하고자 하는 목표(=목적)를 명확하게 하고, 그 목표와 현재 상황 지표를 비교해야 합니다. 기존의 비즈니스 모델로 목표를 달성할 수 있다면 기존 업무 프로세스를 개선하고 최적화하는 게 가장 빠른 목표 달성 방법일 것입니다. 하지만 기존의 비즈니스 모델로 목표를 달성할 수 없다면 가치를 수정하거나 비즈니스 모델을 전환하는 것이 정책이 될 수 있습니다(그림 1.1.1).

DX 추진은 기업에게 있어 중요한 노력이지만 그저 노력한다고 해서 어떻게든 결과가 나는 것은 아닙니다. 그 이유와 목표를 명확하게 하고 공통 인식을 가진 상태에서 노력해야 합니다. 고객은 물론 직원의 입장에서도 이해하기 쉬운, 명확한 이유가 있어야만 DX 추진을 통해 얻을 수 있는 성과가 한층 커집니다. 이를 위해서는 DX를 추진하는 목적을 명확하게 하고, 목적을 달성하기 위한 구체적인 방법을 검토해야 합니다.

먼저 '그 노력을 추진해야 하는 이유는 무엇인가?', 즉 자사의 노력에 대한 WHY에 관해 질문하고 공통의 목적이 명확하게 정해졌는지 확인해 보십시오.

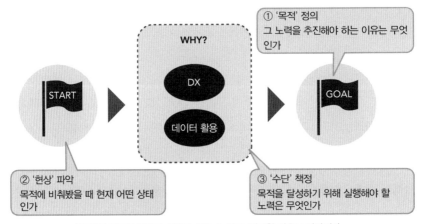

'목적'이 없으면 적절한 수단을 취할 수 없고, 행동할 이유도 사라진다

▶ 그림 1.1.1   '목적'의 중요성

HOW · WHAT 사고의 함정

DX 추진, 데이터 활용에 관한 WHY가 명확하지 않음에도 불구하고 HOW, WHAT 만 명확하게 정해져 있는 경우를 종종 볼 수 있습니다.

구체적인 예를 들어 설명해 봅시다. 어떤 기업이 고객 경험 가치를 향상하기 위해 현재 제공하고 있는 서비스들을 모두 통합한 슈퍼 애플리케이션을 만들고 싶어합니다. 이 기업은 우리(인큐데이터)에게 슈퍼 애플리케이션을 만들기 위해 사일로화된 데이터베이스를 SaaS 데이터 인프라스트럭처로 통합하고 싶다고 의뢰했습니다.

얼핏 보면 아무런 문제가 없는 정책으로 보입니다. 하지만 '슈퍼 애플리케이션이 필요한 이유는 무엇인가?'라고 질문하자 '경쟁 기업이 제공하고 있기 때문이다'라고 답변했습니다. 조금 더 깊은 질문을 해 보니 해당 기업에게는 슈퍼 애플리케이션을 개발해야 하는 고유한 이유(WHY)가 존재하지 않았으며, SaaS 인프라스트럭처로 데이터를 통합하는 것(HOW)과 슈퍼 애플리케이션을 개발하고 제공하는 것(WHAT)만 정해져 있었습니다(그림 1.1.2).

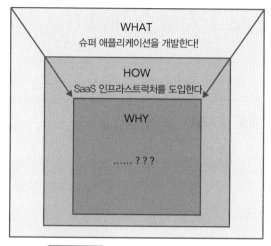

무엇을(WHAT), 어떻게(HOW)에서 시작하면 미래에 달성해야 할 목적이 사라지고,
사용자가 사용하지 않고 사용자들에게 침투하지 않는 이니셔티브가 만들어진다

WHAT
슈퍼 애플리케이션을 개발한다!

HOW
SaaS 인프라스트럭처를 도입한다

WHY

......???

▶ 그림 1.1.2   HOW · WHAT 사고의 함정

⊙ WHY를 결정한 뒤 HOW · WHAT에 관해 의논한다

그래서 이 기업이 원하는 슈퍼 애플리케이션에 대한 니즈가 있는지부터 실제로 확인해 봤습니다. 기존 고객들이 이 기업의 메인 서비스를 사용하는 첫 번째 이유는 '단순하게 예약할 수 있다'는 것이었습니다. 기존 고객들은 이 기업이 제공하고자 하는 '다른 서비스와의 연계'에 대한 니즈를 갖고 있지 않았던 셈입니다.

고객이 원하는 건 '단순함'이라는 경험인데 여러 서비스를 통합한 '복잡함'이라는 경험을 제공하는 것은 주객전도입니다. 고객 경험 가치 향상을 목적으로 하는 고객 시점의 니즈를 만족시키기 위한 공통의 인식, 즉 WHY를 가진 뒤 거기에서 시작해야 HOW와 WHAT을 논의할 수 있습니다.

무언가를 해야 하는 이유가 정해지지 않은 상태, 즉 WHY가 정해지지 않았는데 HOW와 WHAT만이 정해져 있는 안타까운 상황을 많은 기업에서 볼 수 있습니다. 그 결과 본래의 목적을 잃어버리고, 고객의 시점이 아닌 기업의 시점에서 이니셔티브를 실행하게 돼, 고객 경험 가치는 물론 수익도 향상하지 못하는 상황들이 발생합니다. 이런 상황을 방지하기 위해서라도 WHY라는 공통 인식을 먼저 만들어야만 합니다.

1.2 존재 가치를 설계하기

기업 또는 브랜드로서의 '목적' 정의

DX나 데이터 활용을 수단으로 한 고객 경험 향상에 관해 학습하기 위해 이 책을 읽는 경우라면 '왜 데이터 활용에 관한 책에서 목적에 대해 설명하는 것일까?'라는 의문이 드는 분이 계실 수도 있습니다.

비즈니스에서의 목적(Purpose)은 사회적 존재 의의라는 의미를 갖습니다. 이전까지는 물건이 좋으면 팔리는 시대였습니다. 그러나 지금은 사람들의 공감을 얻을 수 있는 또는 사회적 의의를 가진 상품이나 서비스가 아니면 사지도, 팔리지도 않는 시대입니다. 그렇기에 사회에서 기업이 어떤 책임을 지는가, 무엇을 위해 존재하는가의 목적을 가장 먼저 정의하고 다음 수를 둬야 합니다.

DX나 데이터 활용에 관해 생각해 봅시다. 다음과 같이 DX나 데이터 활용은 IT 전략에 국한된 것이 아니라 기업 경영의 근본과 연관돼 있습니다.

- DX나 데이터 활용은 기업의 존속에 관한 매우 중요한 전략·투자이다
- DX나 데이터 활용은 수단일 뿐 목적이 아니다

얼핏 보면 목적과 DX 및 데이터 활용이 아무 관계가 없다고 생각될 수도 있습니다. 하지만 기업의 사회적인 존재 가치로서의 목적을 달성하기 위한 수단으로써 DX나 데이터 활용이 존재하는 것입니다(그림 1.2.1, 그림 1.2.2).

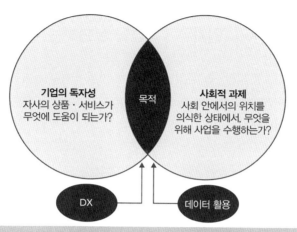

목적은 기업이라는 단체가 아니라 사회적인 존재 의의도 포함한 것으로 정의되며, 그 실현을 위해 DX나 데이터 활용도 추진된다

▶ 그림 1.2.1 목적의 요소

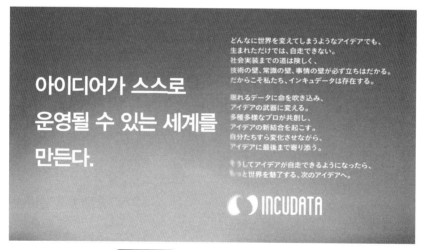

▶ 그림 1.2.2 목적의 예: 인큐데이터의 목적

올라야 할 산은 어디인가? – 목적을 실현하는 제공 가치

사회에서의 기업 존재 의의, 즉, 목적만 정의하면 기업이 목표로 하는 세계를 실현하기 위해 달려나갈 수 있는가 하고 묻는다면 그렇지는 않습니다. 목적을 실현하기 위해서는 상품·서비스를 포함해 기업이 제공하는 가치를 정의해야 합니다. 등산 투어 기획을 예로 들어 생각해 봅시다.

예를 들어 등산 투어 참가자(고객)는 여행 기업이 제시한 정상에 올라 '가장 아름다운 경치를 본다'는 투어의 목적에 공감해서 참가하게 됩니다. 일례로 새해 첫 일출을 보는 투어를 생각할 수 있습니다.

여기에서 주의해야 할 점은 '가장 아름다운'이라는 정의, '가장 아름다운 첫 일출'이라는 니즈가 사람에 따라 다양하다는 것입니다. 눈 아래 펼쳐진 구름 바다를 내려다 보면서 태평양 위로 떠오르는 새해 첫 해를 '가장 아름다운 첫 일출'이라고 생각하는 사람에게는 후지산 정상에 오르는 게 정답일 것입니다. 그러나 후지산 정상과 해가 겹쳐지는 소위 다이아몬드 후지의 새해 첫 일출을 '가장 아름다운 첫 일출'이라 생각하는 사람에게는 다른 산을 오르도록 가이드해야 합니다.

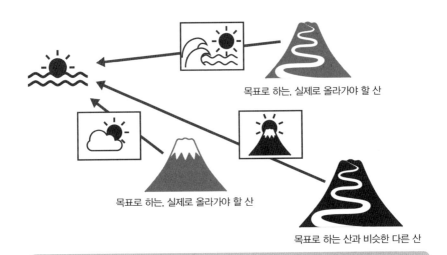

목표로 하는, 실제로 올라가야 할 산

목표로 하는, 실제로 올라가야 할 산

목표로 하는 산과 비슷한 다른 산

목표를 알면 올라야 할 산이 분명해진다

▶ 그림 1.2.3 　 올라야 할 산은 어디인가?

이처럼 고객의 니즈를 이해한 상태에서 어떤 산에 올라 어떤 경치를 보여줄지 기획해야만 투어 참가자를 모을 수 있으며, 여행 기업으로써 가이드할 수 있는 방법을 정할 수 있습니다(그림 1.2.3).

여행 기업은 참가자가 공감할 수 있는 아름다운 경치(목적)를 보여주기 위해, 어떤 산을 오르는 투어를 기획할지(제공 가치의 정의) 적절하게 설정해야 합니다.

올라야 할 산이 바뀌지 않는다고 단정할 수 없다 – 변할 수 있는 제공 가치

고객이 공감하는 경치를 보여주기 위해 여행 기업은 올라야 할 산과 경로를 결정해야 합니다. 올라야 할 산이 어떤 시대든 같다고 단정할 수 없습니다. 고객이 요구하는 니즈가 시대와 함께 크게 변화하고, 회사의 본래적인 제공 가치와 크게 달라졌을 때는 올라야 할 산을 변경하지 않고 경로를 재정비하거나, 올라야 할 산 자체를 변경하는 것도 검토할 전략 중 하나입니다.

여기에서는 먼저 유니레버(Unilever)의 사례를 소개합니다. 유니레버는 그 목적·존재 의식을 '지속 가능성(Sustainability)'을 생활의 "당연함"으로'라고 정의했습니다. 1880년대 영국에서는 위생적인 생활 습관이 뿌리 내리지 못해 많은 사람이 목숨을 잃었습니다. 그런 상황 속에서 '청결함을 삶의 "당연함"으로'라는 마음을 담아 비누를 판매한 것이 유니레버의 시작이었습니다.

이후 140년 정도가 흘렀고 사람들의 생활 환경과 니즈는 다양하게 변했습니다. 유니레버는 홈 케어 용품뿐만 아니라 헤어 케어, 남성용 화장품을 포함한 개인 케어 용품과 식품 등 기업의 존재 의의에 맞는 사업을 전개하고 있습니다. 이것은 시대의 변화와 함께 경로를 재정비한 경우라고 볼 수 있습니다.

다음으로 '지구에서 가장 고객을 중요하게 생각하는 기업'[2]을 사명으로 삼고 있는 아마존(Amazon)의 사례를 소개합니다. 아마존은 그 존재 의의를 달성하기 위해 항상 고객의 만족도를 높이고자 사업 활동을 수행한다고 생각할 수 있습니다.

인터넷에서의 서적 판매 사업자로 사업을 시작한 아마존은 계속해서 리테일 사업자가 출점할 수 있는 마켓 플레이스를 출시했고, 시대의 니즈에 맞춰 유료 회원 프로그

---

1 유니레버에 관해, https://www.unilever.co.kr/our-company/
2 아마존에 관해, https://www.aboutamazon.com/about-us

램인 아마존 프라임(Amazon Prime), 전자책 킨들(Kindle), 무인 매장 아마존 고(Amazon Go) 같은 독창적인 서비스를 출시했습니다.

아마존은 창업 시기 이후 고객에게 보여줄 경치(='지구상에서 가장 고객을 중요하게 여긴다')는 변경하지 않으면서, 전 세계의 니즈나 기술 진보와 함께 올라야 할 산을 계속해서 바꿔 나가고 있다고 말할 수 있습니다.

◉ 올라야 할 산을 결정할 수 있는 조직을 만들자

기업이 내건 목적에 따라서는 제공 가치가 변하지 않는 경우도 있지만, 제공 가치를 바꾸거나 만들어야 할 때도 있습니다. 현상을 파악하고, 미래를 예측해 이런 의사 결정을 하는 데 있어 데이터 활용이 효과적인 동료가 됩니다.

단, 니즈가 있다고 해서 벼락치기로 가치를 제공하거나, 기업 시점에서 보기에 좋은 데이터나 니즈만을 기반으로 해 경영 판단을 하면 결과적으로 기업의 목적 실현에 방해가 될 수도 있습니다.

데이터를 하나의 수단으로써 사용하면서 고객의 니즈를 이해하고 의사 결정을 할 수 있는 조직을 만들어 나가는 것이 데이터 활용의 진정한 의미입니다.

포어캐스팅(Forecasting)과 백캐스팅(Backcasting)

목표로 하는 세계(=목적)와 올라야 할 산(=기업의 제공 가치)을 결정했다면, 다음으로 현재 위치를 파악해야 합니다. 목표와 그 목표에 이르기 위해 거쳐야 할 곳들을 결정했다 하더라도 시작 위치에 따라 그 경로나 과정이 달라지기 때문입니다.

◉ 포어캐스팅 접근 방식 - 현재에서 쌓아 올린다

일반적인 프로젝트에서는 현재 위치부터 파악합니다. 현 시점에서의 달성 항목과 과제 항목을 분석해 중요한 논점을 조사합니다. 그 뒤에 무엇을, 어떤 순서로 진행할 것인지 결정하고 작업을 실행하는 경우가 많습니다. 이를 포어캐스팅 접근 방식이라 부릅니다. 여러분이 수행하는 일상적인 업무의 대부분은 이 접근 방식을 사용해 진행할 것입니다.

포어캐스팅 접근 방식에는 단점이 있습니다. 현재 수행하고 있는 사업에서 벗어난 새로운 아이디어가 나오기 어렵다는 것입니다. 포어캐스팅 접근 방식은 현재 시점에서의 강점이나 과제 해결을 축적해서 성장을 시도하기 때문에 시야가 좁아지기 쉬운 것이 특징입니다. 또한 사람은 수치가 좋지 않은 부분을 개선하거나 즉시 착수할 수 있는 대상에 집중하는 경향이 있기 때문에 혁신적인 성장 계획을 그리기가 어렵기도 합니다.

그 결과 비교적 노력하기 쉽고, 자사 안에서 통제하기 쉬운 업무 효율화나 업무 프로세스 개선에 집중하게 되어, 중장기 경영 계획 등으로 내건 회사의 가치 향상이라는 목적에서 벗어난 노력을 추진하게 되는 경우도 있습니다.

⊙ 백캐스팅 접근 방식 - 미래에서 거꾸로 계산한다

오늘날과 같이 유동적이고 확정적이지 않은 사회에서 지속 가능한 기업 전략을 그릴 때는 백캐스팅 접근 방식을 주로 사용합니다. 백캐스팅 접근 방식에서는 원하는 미래를 먼저 그린 뒤, 거기에서 현재 시점을 향해 거꾸로 계산해서 실행해야 할 일들이 무엇인지 결정합니다.

백캐스팅 접근 방식에서는 기업의 본래 목적을 달성하기 위해 기존 사업에 얽매이지 않고, 본질적으로 필요한 요소를 정의할 수 있습니다. 때문에 수단이 목적이 되는 일이 없이 WHY에 맞게 사업이나 경험을 DX에 맞춰 실현하는 전략을 수립할 수 있습니다.

⊙ 각 접근 방식의 특징을 살린다

여기에서 '포어캐스팅 접근 방식은 나쁘고 백캐스팅 접근 방식은 좋다'는 것이 아니라는 점에 주의해야 합니다. 프로젝트에 따라서는 기존 사업에서 벗어난 아이디어가 필요하지 않고, 눈앞에 있는 과제를 해결하면 사업 성장으로 이어지는 경우도 있기 때문입니다.

DX 추진 노력에서 문제가 되는 것은 방법이 아니라 현재의 업무를 개선하는 데만 매몰되는 마인드셋입니다. 기업에게 중요한 성장 전략의 하나인 DX는 앞서 설명한 것처럼 재무적, 시간적 투자는 물론 인적 투자도 필요한 큰 프로젝트입니다.

기업의 미래에 관한 큰 프로젝트임에도 불구하고 기존 사업 과제의 해결에만 집중해서는 기대한 성과를 얻지 못하고, DX 자체에 대한 회의적인 시각만 확산될 것이 뻔합니다.

데이터 활용도 마찬가지입니다. 현재 상황, 디지털 마케팅 이외에 데이터를 취득할 수 없는 기업의 경우를 생각해 봅시다. 이 기업은 다양한 소비자의 가치관 변화에 맞춰 상품 채널이나 커뮤니케이션 접점을 변화시켜 고객의 행복에 기여한다는 목적을 갖고 있습니다.

이 기업이 목표로 하는 세계에서의 이상적인 고객 경험은 백캐스팅 접근 방식으로 그리는 게 적절할 것입니다. 그리고 그에 맞춰 데이터를 활용하기 위해 어떤 최적의 데이터 아키텍처(비즈니스 니즈에 맞춰 데이터를 적절하게 수집·저장·활용하기 위한 설계)를 정비할 것인지 사전에 검토해야 합니다. 이 작업을 놓치면 새로운 데이터 활용 니즈가 발생할 때마다 필요한 데이터를 수집하거나 통합하고 기존 프로그램을 수정해야만 합니다. 결과적으로 고객이 바라는 경험을 제공하지 못하는 흔한 실패에 빠질 위험이 있습니다.

이런 실패에 빠지지 않고 본래 목적을 달성하기 위해서는 각 접근 방식을 적절하게 활용해야 합니다.

◉ 포어캐스팅과 백캐스팅을 함께 사용한다

인큐데이터에서는 데이터 활용을 통한 DX 전략 수립이나 사업 설계를 할 때 포어캐스팅 접근 방식과 백캐스팅 접근 방식을 함께 사용합니다. 경영층을 포함한 이해관계자에게 포어캐스팅과 백캐스팅 접근 방식을 통해 이끌어낼 수 있는 결과물의 차이를 공유하고 인식하게 합니다(그림 1.2.4).

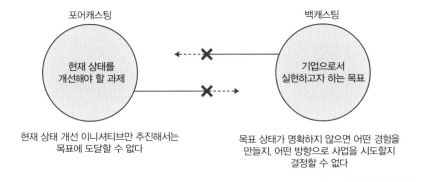

포어캐스팅　　　　　　　　　　　　　　　　　　　　　백캐스팅

현재 상태를
개선해야 할 과제

기업으로서
실현하고자 하는 목표

현재 상태 개선 이니셔티브만 추진해서는
목표에 도달할 수 없다

목표 상태가 명확하지 않으면 어떤 경험을
만들지, 어떤 방향으로 사업을 시도할지
결정할 수 없다

두 접근 방식을 병행해 추진해야 할 때가 많으므로 함께 검토하는 것이 중요하다

▶ 그림 1.2.4　　포어캐스팅 접근 방식과 백캐스팅 접근 방식

포어캐스팅 접근 방식과 백캐스팅 접근 방식을 함께 사용함으로써 회사의 중장기적 경영 전략과 단기적 개선 이니셔티브의 차이를 명확하게 합니다. 그리고 사업 부문, 현장, 경영층 등 각 계층의 관점에서 끌어낼 수 있는 전략별 행동에 관한 인식을 통일할 수 있습니다. 이를 통해 기업이 본래 목표로 삼아서는 안 될 이니셔티브를 실행하거나, 기존 고객의 니즈에 과도하게 몰입하게 되는 주객전도의 행동을 방지할 수 있습니다.

1.3절에서는 여러분이 실제로 접할 가능성이 있는 상황을 가정해 DX 추진과 고객 경험을 설계할 때의 접근 방식에 관해 생각해 봅시다.

1.3 시점 설계하기

거기에 WHY가 있는가?

이번 절에서는 'DX를 추진하라'는 기업 차원의 요청에 대해 한 직원이 그 추진 방법을 모색하는 가상의 이야기를 통해, 프로젝트를 시작할 때 고려할 점에 관해 생각해 봅니다. 기업 차원의 모호한 요청에 대해 해결책을 모색해 가는 방법을 역할극을 통해 알아봅니다. 실제 사례를 그대로 소개할 수는 없으므로, 사실과 허구를 적절히 섞어 이야기를 진행하겠습니다.

정호는 고민에 빠졌다. 그는 고향을 활성화하기 위해 대기업 SIer에서 고향에 있는 INCU 호텔의 DX 추진 부장으로 이직했다. 입사 첫날 사장으로부터 들은 말이 고민의 시작이었다.

'여행 지원이 시작돼 기존 고객들을 대상으로 CRM과 할인 광고를 했지만 예약이 그리 많이 들어오지는 않네. 하지만 DX를 추진하면서 리브랜딩을 한 DATA 호텔은 연일 만실이네. 그 호텔과 우리 호텔은 설비는 물론 객실의 품질도 크게 다르지 않은데 어떻게 이 정도로 차이가 나게 됐을까?', 'DX를 통해 우리 호텔도 다시 태어날 수 있다고 믿고 있네. 디지털화를 긍정적으로 보는 직원들이 적은 상황이지만 사업 전체의 이익 향상을 자네에게 기대하고 있다네.'

마른 하늘에 날벼락이었다. 입사 전 면담에서는 디지털화를 통한 기존 사업 효율화, 종이 장부의 데이터화, 마케팅 고도화 같이 이전 직장에서 경험했던 업무를 추진할 예정이라 들었기 때문이다. 이런 막연한 경영 과제를 DX로 해결하려 한다는 이야기는 전혀 나눈 기억이 없다. 또한 이제 막 입사했기에 호텔업에 대한 이해도 깊지 않고, 요구 사항이 정해진 시스템 구축 이외의 업무를 수행한 경험이 없다는 것이 무엇보다 그를 불안하게 만들었다.

사실 정호는 고객 속성이나 과거 행동 데이터를 분석하고, 각 고객에 대해 가정한 행동 패턴을 기반으로 적절한 시점에 적절한 콘텐츠를 사용해 커뮤니케이션할 수 있다면, 리피터

(repeater)는 물론 매출도 향상될 것이라 생각했다. 호텔 자체의 가치나 고객의 경험에 관해서는 생각조차 하지 못했다.

'알겠습니다. 우선 DATA 호텔을 관찰하면서 우리 호텔의 현재 상태를 파악하겠습니다.'

그렇게 말하고 정호는 사장실을 나왔다. 커다란 압박과 함께 자기 자리로 돌아와 앉았다.

앞의 상황을 정리해 봅시다. 정호는 업무 효율화, 디지털 마케팅 고도화를 목적으로 한 DX 추진 인프라스트럭처가 될 시스템 구축을 이끄는 역할로 입사했습니다. 사장에게 지시 받은 업무를 수행하려면 다음 네 가지를 고려해야 합니다.

- 기존 고객에게 접근하는 것만으로는 호텔 예약 증가로 연결되지 않는다
- 벤치마크 대상 호텔은 DX를 추진해 성공하고 있다
- 사장은 DX를 추진하면 비즈니스 실적이 회복될 것이라 믿고 있다
- 직원들은 디지털화에 관해 회의적이다

현재 시점에서 INCU 호텔은 DX 추진의 WHY가 명확하게 정해져 있지 않습니다. 경영 상황이 좋지 않은 상태에서 많은 투자를 해야 하는 DX를 추진하려면 직원 전체의 공통 인식이 되는 WHY를 정하는 것이 비즈니스를 성공으로 이끄는 최단 거리를 걷는 이정표가 됩니다(그림 1.3.1).

이 사례에서는 과거 수행했던 디지털 이니셔티브들이 모두 제대로 된 결과를 내지 못하고 있으며, 무엇이 진짜 과제인지 특정할 수 없는 상황입니다. 그런 상황에서 DX 추진이라는 마법이 모든 문제를 해결할 것이라고 사장은 믿고 있습니다.

안타깝지만 데이터를 활용한 마케팅 이니셔티브만으로는 호텔 사업의 장기적이고 지속적인 발전은 바랄 수 없습니다. 경쟁력의 근원이 되는 가치를 설정하고 본질적인 가치를 창출하는 것(WHY)을 DX의 목표로 설정함으로써 비로소 이 프로젝트는 시작점에 선다고 말할 수 있습니다.

INCU 호텔의 경영 과제		사장이 기대하는 성과
기존 고객에 대한 CRM 이니셔티브 · 할인 광고 등을 실시했지만 예약 증가로 이어지지 않았다	DX 추진의 WHY	DX를 통해 새롭게 변할 것이라고 믿는다

❓ 올바르게 데이터를 활용하면 고객 수의 회복은 일정 수준 예상할 수 있다. 하지만 시간적 · 금전적 비용이 상당히 소요되는 DX 추진에서 단기적인 고객이나 매출 회복을 목표로 하는 것이 좋을까?

❓ 지속가능성으로 발전시키기 위해, 지속적인 경쟁력의 근원을 만들어 내는 상태를 목표로 해야 하지 않는가?

▶ **그림 1.3.1** DX 추진의 WHY

매출만이 목표가 아니다

다음으로 정호가 WHY를 설정하는 과정을 살펴봅시다. 기업의 목적은 앞서 설명했듯 사회적 존재 의의를 나타냅니다. INCU 호텔 또한 기업의 매출만 향상하는 것을 생각하지 말고, 호텔의 위상이나 주변 상권과의 공존 관계 등 사회적 관계성을 풀어 나간다면 목적 수립과 연결될 것입니다.

정호는 머리를 식힐 겸 거리를 걸어 보기로 했다. 사실 이렇게 걷는 것도 오랜만이다.

고향 거리는 정호에게 있어 추억이 깊은 곳이다. 아버지가 장기 해외 부임을 하시면서 할아버지와 함께 살았던 곳이다. 이 거리는 도시와 같은 자극은 없지만 독특한 음식 문화, 다양한 역사적 건축물이 있어 많은 관광객으로 붐벼 활기가 있던 것을 기억한다. INCU 호텔은 당시 동경에도 광고를 내보냈을 정도로 이 거리 관광의 중심이었고, 그 활기를 지탱하는 역할을 했다.

당시를 아는 사람들이 보면 그 그림자조차 남아 있지 않을 정도로 달라진 거리를 바라보던 정호는 한 주가 멀다 하고 다녔던 음식점이 부서져 있는 것을 깨달았다. 과거 고향의 주민들과 관광객들로 매일 붐비던 가게도 없어졌다.

거리 중심에 위치한 INCU 호텔이 얼마나 거리 전체의 활기와 관계 있었는지 생각하던 정호는 INCU 호텔의 사회적 존재 의의에 관해 깊이 생각했다.

DX를 수단으로써 생각하면 반드시 기업의 매출만이 목표가 되지 않을 때가 있습니다.

이 사례에서는 호텔의 매출과 주변 환경(음식점, 관광 명소) 사이에 강한 상관 관계가 있다고 할 수 있습니다. INCU 호텔의 고객 모집력 저하는 주변 요식업이나 관광업의 쇠퇴와 관련이 있으며, 악순환이 가속화돼 거리 전체의 활기가 사라져 버린 것입니다(그림 1.3.2).

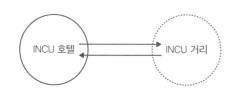

기존 사고 방식

❗ 호텔과 거리는 강한 공존 관계에 있지만, 매출을 향상시키는 관점에서 호텔만 생각할 때가 많았다

▶ **그림 1.3.2** 기존의 기업 혼자만의 성장 사고 방식

매출과 이익 향상을 목표로 하는 것은 기업에게 당연한 일입니다. 하지만 행동과 가치관이 다양화된 오늘날의 사회에서는 소비자의 니즈도 다양하기 때문에 하나의 기업만으로 지속 가능한 사업을 계속 전개하기가 어렵습니다. INCU 호텔 역시 다양한 이해관계자(stakeholder)를 포함해 사회에 대한 존재 의의를 정의하고, 그것을 달성하기 위한 행동의 수단으로서 DX를 추진해야 합니다(그림 1.3.3).

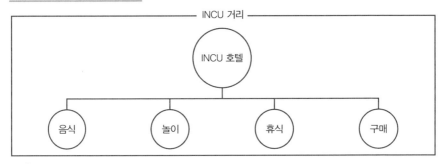

이 사례에서 갖춰야 할 사고 방식

호텔과 거리는 강한 공존 관계에 있으므로 호텔을 중심으로 거리 전체 활성화에 관해 검토해야 한다

현재의 매출 회복에 관해 호텔만으로는 통제할 수 없는 요소가 많다

▶ 그림 1.3.3 기업과 사회의 공존 관계를 의식한 사고 방식

⊙ 사회적 과제 해결을 포함한 목적을 수립한다

정호는 INCU 호텔의 새로운 목적을 다음과 같이 정의했습니다. '사람이, 거리가, 미소가 끊이지 않는 매일을 만든다.' INCU 호텔이 거리에서 가장 큰 고객 모집 장치의 특성을 가진 허브로서 거리와 고객을 연결하는 독자성을 갖고 있다는 점에 주목했습니다. 그리고 거리 전체의 활기가 사라지고 있다는 사회적 과제의 해결까지 바라봄으로써 호텔 자체의 성장과 거리의 활성화라는 선순환을 낳는 것을 목표로 했습니다 (그림 1.3.4).

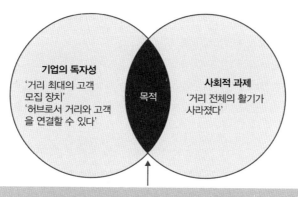

▶ 그림 1.3.4 INCU 호텔의 목적

기업만 바라보지 않고 사회 전체를 바라보면서 목적을 정함으로써 기존 사업 이상의 비즈니스 모델을 창출하고 완전히 새로운 경험을 소비자에게 제공할 수 있게 될 것입니다.

사용자의 목소리에 귀 기울인다

정호는 현재 상황을 분석하기 위해 INCU 호텔의 고객, DATA 호텔과의 차이를 파악하기 시작합니다. 먼저 자사 데이터로부터 경향을 찾아내는 것을 시도해 보지만 데이터 분석만으로는 충분한 시사점을 얻기 어려운 경우가 대부분입니다. 목적의 구현에 맞춰 어떤 고객 경험을 만들어야 할 것인지는 비즈니스 현장에서 많은 것을 배울 수 있습니다.

정호는 과거 숙박 고객의 속성 데이터를 집계하기 위해 직접 만든 엑셀(Excel) 시트를 사용해 INCU 호텔의 경향을 찾아내려 한다. 호텔 근처에 세계 문화 유산과 같은 강력한 매력이 있지는 않고, 입지상 전철이나 렌터카를 사용해 주변 관광을 하기 좋은 위치에 있는 INCU 호텔은 좋은 의미로도 나쁜 의미로도 고객의 입장에서 숙박 목적이 확실하지 않다.

눈에 띄는 특징이 없다는 결론과 함께 막다른 길에 이른 정호는 기분 전환을 겸해 DATA 호텔에서 숙박을 해 보기로 했다.

일종의 정찰을 위해 방문한 DATA 호텔은 방이 특별히 화려하지도 않고, 면적도 그리 넓지 않아 오래 머무르기에는 적합하지 않았다.

하지만 숙박 고객을 맞이하는 로비는 모든 고객이 함께 사용할 수 있는 거실과 같은 형태로 매우 넓은 공간이 펼쳐져 있었다. 편안히 앉아 쉬는 사람들, 전통 공예를 체험하는 사람들이 있었으며, 잘 살펴보니 외국인 관광객과 대화하고 있는 사람들도 있는 등 활기가 넘치고 있었다.

얼핏 보면 INCU 호텔과 DATA 호텔의 숙박 고객이 가진 속성에 큰 차이는 없다. 하지만 이 호텔에서는 모든 사람이 같은 공간에서 뒤섞여 즐겁게 지내고 있다는 점이 달랐다. 숙박 고객들이 함께 즐길 수 있는 장소, 경험을 제공하기 때문에 고객들이 표면이 아닌 마음 깊은 곳에서 공통점을 갖는 것이라 느껴졌다.

그래서 정호는 데이터만으로는 특정할 수 없는 정보들을 찾아내기 위해 숙박 고객들 중 몇 사람과 직접 이야기를 나눠보기로 한다.

데이터는 마법이 아닙니다. 데이터에는 몇 가지 종류가 있으며 특히 정량적 데이터에 관해서는 주의해야 합니다. 정량적 데이터는 사용자의 경향을 파악하는 데 매우 유익하지만, 그런 선택을 한 본질적인 이유는 판단할 수 없을 때가 있습니다.

구체적으로 이번 사례에 비춰보면 정량적 데이터를 사용한 분석은 다음과 같은 질문에 대한 답을 얻는 데 적합합니다.

- 현재 잘 사용하는 고객은 어떤 속성을 갖는가?
- 반대로 전혀 사용하지 않는 고객은 어떤 속성을 갖는가?
- 계절성과 속성 사이에 어떤 경향이 있는가?
- 어떤 가치(항목)가 고객 만족도를 높이고 있는가?
- 반대로 어떤 가치가 고객 만족도를 낮추고 있는가?

정량적 데이터를 분석해 사업의 장점이나 과제를 도출합니다. 파악한 수치를 기반으로 병목을 개선하면 얼마나 수익을 예측할 수 있는가와 같은 미래 예측에도 정량적 데이터를 사용한 분석이 효과적입니다(그림 1.3.5).

그러나 정량적 데이터를 통한 분석은 어디까지나 결과에 기반한 방법이므로, 그 결과에 도달한 이유나 배경에 관해서는 파악할 수 없습니다. 따라서 정량적 데이터에 의한 분석만을 기반으로 한 전략으로는 현재 시점에서의 과제를 개선하는 것에 그치게 되며, 본래 목표 달성을 위한 잠재적인 기회나 과제를 놓칠 리스크가 존재합니다. 다음과 같은 소비자의 본질적인 니즈나 의사 결정을 분석하기 위해서는 정성 분석을 통해 더 깊이 파고들어야 합니다.

- 어떤 행동이나 구매가 발생한 이유는 무엇인가?
- 반대로 어떤 행동이나 구매가 발생하지 않은 이유는 무엇인가?
- 평소에 무엇에 기쁨을 느끼고, 무엇에 고통을 느끼는가?

	정량 분석	정성 분석
개요	정량적인 수치 데이터를 기반으로 수행하는 분석 방법	정성적인 비수치 데이터(말, 행동)를 기반으로 수행하는 분석 방법
목적	'현재 상태' 파악 · 평가, 강점 · 약점 특정, 과거 실적을 기반으로 한 미래 예측	수치화할 수 없는 감정, 이유 등으로부터 강점 · 약점이 발생한 '요인 · 원인'을 특정
장면	- 어떤 속성의 고객이 구매하고 있는가? - 언제, 어떤 상품이 위 속성별로 판매되고 있는가 · 판매되고 있지 않는가? - 고객 경험의 어느 위치에서 사용자가 이탈하는가? - 경향이 계속되는가? 향후 판매 수요는 어느 정도인가? 등	- '왜' 그 상품을 구입하는가 · 하지 않는가? - '왜' 구매를 멈추었는가? - 무엇이 CX · EX의 첫 번째 과제인가? 등
방법	- 속성 · 구매 정보 등에 따른 클러스터 분석 - 위 클러스터와 사용자 행동을 곱한 교차 집계 - 위 집계의 상관성 · 회귀성 분석 - 어떤 요소가 수입에 영향을 주는지에 관한 민감도 분석 등	- 대상자에게 자세한 이야기를 묻는 그룹 인터뷰, 심층 인터뷰 - 사용자와 일정 시간 행동을 함께하는 문화기술지(Ethnography) 조사 - 고객으로 매장에 방문해 조사 항목에 따라 확인하는 미스테리 쇼퍼(Mistery shopper) 조사 등

▶ 그림 1.3.5 목적에 따라 정량 분석 · 정성 분석을 선택

문화기술지 조사[1] 또는 심층 인터뷰 같은 정성 조사 및 그를 기반으로 하는 정성 분석을 통해 정량적 데이터로는(이 책을 집필하는 시점에서의 기술로는) 특정할 수 없는 잠재적인 니즈, 소비자가 상품·서비스를 선택한 이유나 배경을 특정할 수 있습니다.

좋은 '서비스'가 좋은 '경험'은 아니다

정량 분석과 정성 분석을 사용해 고객 니즈나 과제를 특정한 뒤 구체적인 대책을 만듭니다. 단, 눈에 보이는 과제를 해소했더라도 근본적인 과제 해결에는 이르지 못할 수도 있습니다. 여기에서는 정호의 케이스에 더해 실제 기업의 DX로 추진했던 실패 사례를 확인해 봅시다.

정호는 DATA 호텔에서의 숙박을 통해 정량적 데이터에서는 얻을 수 없는 깨달음이 있음을 확신했다. 그리고 INCU 호텔이 현재 제공하고 있는 가치·서비스와 사용자 니즈 사이에 괴리가 있는지 검증하기로 했다. 구체적으로 고객과 매일 만나는 호텔 스태프들과 인터뷰를 통해 신경이 쓰이는 일이나 고객들의 요청들을 한데 모았다. 그중에서 신경 쓰이는 점이 몇 가지 있었다.

● 숙박 고객 수에 비해 조식을 하러 오는 고객 수가 적을 때가 있다
● 스마트 TV를 통한 룸서비스와 프런트에서 내선 전화로 접수하는 룸서비스가 연계되지 않아, 현장 스태프가 혼란해 고객에게 잘못된 서비스를 할 때가 있다

INCU 호텔은 본래 무료 조식을 제공하지 않았지만, 호텔에 대해 낮은 평가를 했던 고객들의 요청에 따라 작년부터 제공하고 있다. 하지만 조식 사용자는 많지 않다.
스마트 TV는 프런트의 업무를 줄이기 위한 목적으로 모든 방에 도입했다. 하지만 스마트 TV로 모든 서비스를 주문할 수 없기 때문에 프런트에 대한 내선 전화 요청도 전혀 감소하지 않았다. 게다가 주문 데이터는 서비스 부문에만 공유되기 때문에 프런트와 연계되지 않

---

1   문화기술지(文化記述誌, Ethnography) 또는 민속지학(民俗誌學)은 인간 사회와 문화의 다양한 현상을 정성적, 정량적 조사 기법을 사용한 현장 조사를 통해 기술하여 연구하는 학문의 분야이다. 문화기술지는 어떤 시스템이 가지고 있는 각 부분을 정확하게 이해하는 것을 통해 전체 시스템의 총체적 연구 성과를 거둘 수 있다는 생각에 기반을 두고 있다. 공식적, 역사적으로 과거 여행을 통한 여행기나 제국주의 시대 식민지의 공식 보고서에 그 시작을 두고 있다. 문화기술지는 특히 구조주의와 상대주의 입장에서 연구하는 학문적 전통을 지니고 있으며 다양한 관심을 가진 다른 분야의 유용한 1차적 연구 방법으로 활용되고 있다(위키피디아, https://ko.wikipedia.org/wiki/민족지).

아 중복되거나, 객실에 여러 차례 방문하게 되는 등 현장 스태프에게 상당한 두려움이 퍼지고 있었다.

현장의 요청이나 과제를 해결하기 위해 만든 서비스가 고객과 직원 만족도를 향상시킨다고 생각했던 정호는 그것들이 반드시 근본적인 과제 해결로 이어지지는 않는다는 것을 깨달았다.

1.2절에서도 봤듯 기업 시점의 상품·서비스를 제공한다 해서 소비자가 반드시 그것을 바라는 것은 아닙니다(그림 1.3.6).

그리고 예절·예의라는 관점은 정보나 경험을 복잡하게 만들기 쉽고 소비자가 가치를 느끼기 어렵게 하기도 합니다. 그 결과 근로 생산성이 낮아지고, 본래 전달해야 할 가치에 집중할 수 없게 되므로 소비자는 물론 직원에게도 좋지 않은 결과를 미칠 수 있습니다.

호텔 직원의 시점에서 '이런 것을 해 주면 고객이 기뻐할 것이다'라는 아이디어에 기반한 사고

● 조식을 자유롭게 선택할 수 있고, 맛있고, 화려하다면 만족할 것이다!

● 고객의 요청을 모두 프런트에서 내선 전화로 받고 있으니. 스마트 TV의 접수 시스템을 도입하자! 급한 상황에서 전화가 연결될 때까지 기다리지 않아도 되니 고객에게도 좋을 것이다.

호텔 측의 생각

▶ 그림 1.3.6　니즈와 과제를 그대로 반영한 서비스

표면화한 과제에 집중한 나머지 본질적으로 해결해야만 하는 문제가 악화되기도 합니다. 이번 사례를 예로 들면 프런트 스태프의 업무 과다라는 '점'에 집중해서 개선한 결과, 객실 스태프를 포함한 업무의 흐름이 개선되지 않았다고 말할 수 있습니다. 직원 전체에서 생각하면 경험 가치가 저하되고, 본래 제공해야 했던 매끄럽고 스마트한 룸서비스 경험 제공에 실패했다는 결과가 됐습니다(그림 1.3.7).

호텔 직원의 시점에서 '이런 것을 해 주면
고객이 기뻐할 것이다'라는 아이디어에 기반한 사고

● 조식을 자유롭게 선택할 수 있고, 맛있고, 화려하다면 만족할 것이다!

➡ 숙박 고객 수에 비해 사용률이 낮다

● 고객의 요청을 모두 프런트에서 내선 전화로 받고 있으나, 스마트 TV
와 접수 시스템을 도입하자! 급한 상황에서 전화가 연결될 때까지
기다리지 않아도 되니 고객에게도 좋을 것이다

호텔 측의 생각

➡ · 모든 문의에 대응하지 않으므로 프런트로의 내선 전화는
   줄지 않는다
 · 프런트가 접수한 요청과 시스템이 연계되지 않아 현장이
   혼란하다

▶ 그림 1.3.7　니즈와 과제를 그대로 반영한 결과

이런 특정한 '점'을 중심으로 한 개선은 많은 기업에서 DX가 잘 진행되지 못하는 원인 중 하나입니다. DX 초창기에 많은 기업이 뛰어들었던 경리(회계) 데이터의 중앙집중 관리 시스템을 예로 들어 생각해 봅시다.

한 기업에서는 각 부서에서 경영 부문으로 전달하는 데이터의 형식이 통일돼 있지 않고, 형식도 엑셀 데이터부터 종이 데이터에 이르기까지 제각각이었습니다. 이런 상태에서는 매월 수행하는 정상적인 업무라 하더라도 생각한 것처럼 효율화할 수 없습니다. 또한 고객 관리 시스템 등 특정 부서에서만 사용하는 시스템이 형식을 통일할 수 없는 원인이었습니다.

경리 담당자는 데이터 전달의 진척이나 종이 장부로부터의 데이터 수기 입력 작업, 보고서 형식에 맞춘 매크로 구현 등에 상당한 시간과 노력을 들였습니다. 이런 낭비를 줄이기 위해 각 담당자가 모든 서류를 같은 형식으로 시스템에 입력하고 자동적으로 보고서를 작성할 수 있는 중앙집중식 관리 시스템을 도입했습니다(그림 1.3.8).

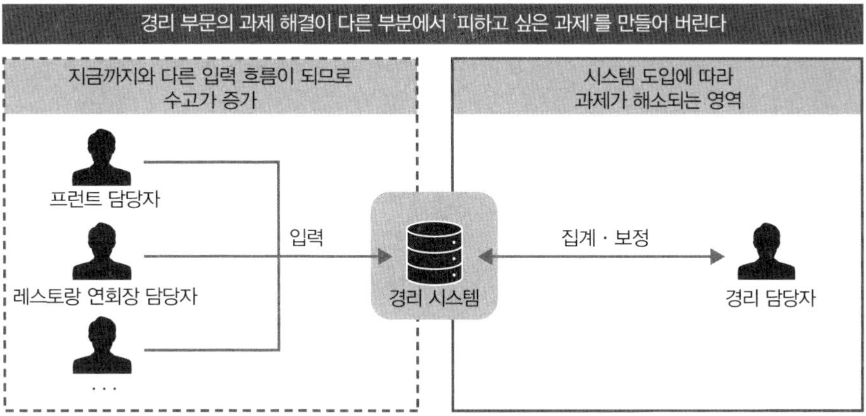

경리 부문의 과제 해결이 다른 부분에서 '피하고 싶은 과제'를 만들어 버린다

지금까지와 다른 입력 흐름이 되므로
수고가 증가

프런트 담당자

레스토랑 연회장 담당자

· · ·

입력

경리 시스템

시스템 도입에 따라
과제가 해소되는 영역

집계 · 보정

경리 담당자

▶ 그림 1.3.8 부분적인 개선의 실과 득

경리 담당자 시점에서는 중앙집중식 관리 시스템 도입에 따라 기존의 비효율적인 업무와 노력이 해결됐습니다.

하지만 다른 담당자 시점에서는 새로운 문제가 발생했습니다. 이제까지 해왔던 종이 전표나 고객 관리 시스템에서의 작업은 그대로인 채, 경리 시스템이 도입됨에 따라 같은 내용을 재입력하게 된 것입니다. 당연히 그만큼 시간과 노력이 필요하게 돼 주객전도의 결과로 끝나버렸습니다.

◉ 항상 전체 최적화를 고려한다

주객전도가 되어버린 과제는 각 부분의 담당자까지 포함한 경리 업무 전체입니다. 이를 해결하기 위해서는 관계자들이 공통 인식을 가진 상태에서 개선책을 실행해야 합니다. 전체 과제를 해결한다는 지침이 명확하게 결정돼 있다면 앞서 예를 든 경리 시스템 도입에 의한 실패 같은 상황을 막을 수 있습니다.

고객 경험 향상에 있어서도 그저 고객이 바라는 부분만 생각하는 것이 아니라, 그것을 구현하기 위해 필요한 직원 경험을 포함해 전체적인 이미지를 봐야 합니다. '점'이 아니라 '면'을 봄으로써 좋은 고객 경험을 제공하기 위한 구체적인 방안을 만들어 낼 수 있습니다(그림 1.3.9).

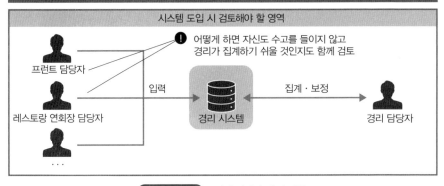

▶ 그림 1.3.9 전체 과제와 해결 지침

이번 절에서는 정호의 사례를 통해 비즈니스를 변혁하기 위해 필요한 다양한 관점에 관해 소개했습니다. 이어서 1.4절과 1.5절에서는 이 관점들을 바탕으로 고객 경험과 직원 경험 향상을 목표로 하는 프로젝트의 추진 방법에 관해 설명합니다.

1.4 고객 경험 가치를 설계하기

고객 경험 가치 창조 프로젝트의 전체 이미지

이번 절에서는 고객 경험 가치 창조라는 목적을 달성하기 위해 데이터 활용 이전 단계에서 수행할 작업에 관해 설명합니다.

고객 경험 가치 창조에서의 중요 포인트는 기업의 목적과 일관된 것을 책정하는 것입니다. 이를 위해서는 목적을 구성하는 중요한 요소를 분해하고, 프로젝트 수행자가 지킬 기준으로서 수행할 것과 수행하지 말아야 할 것을 결정해야 합니다(설계 기준 책정).

설계 기준을 책정했다면 고객이 해결하고자 하는 본질적인 과제를 발굴합니다. 여기에서는 1.3절에서도 다뤘던 정량 분석·정성 분석을 수행해 소비자 마음 깊이 숨겨진 심리를 찾아 본질적으로 해결할 과제를 도출합니다(고객 이해).

해결할 본질적인 과제를 정의했다면 그 과제를 해결하기 위한 가치를 정의합니다(가치 정의). 수익성도 담보해야 하므로 경쟁을 고려한 포지셔닝도 함께 검토합니다.

가치 정의 후 곧바로 고객 경험을 정식 개발하는 것은 매우 위험합니다. 가치 정의 후에는 그 가치가 고객의 과제를 해결하는지 검증해야 합니다. 이를 위해 먼저 프로토타이핑을 수행합니다(프로토타이핑).

마지막으로 기업이 제공하는 고객 경험이 고객의 이익을 높이고 병목을 없앴는지, 지속 가능한 비즈니스가 만들어졌는지, 운용상 우려할 점은 없는지를 객관적인 수치로 평가합니다. 이 객관적인 수치가 처음 정의한 설계 기준을 만족하는지 검증합니다(검증).

이후에는 1.3절의 호텔 사례와 함께 설계 기준, 고객 이해, 가치 정의, 프로토타이핑, 검증의 각 프로세스를 실천할 때의 사고 방식과 실제 작업에 관해 설명합니다(그림 1.4.1).

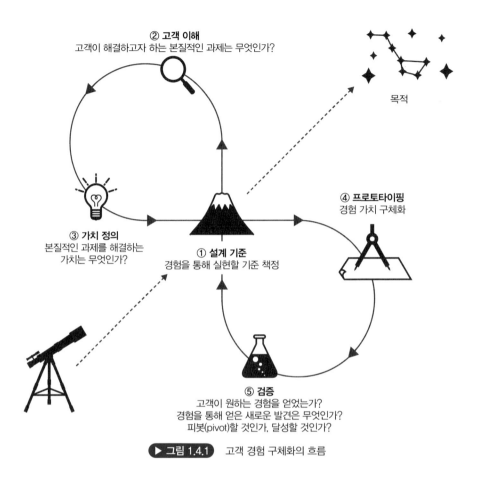

② **고객 이해**
고객이 해결하고자 하는 본질적인 과제는 무엇인가?

목적

④ **프로토타이핑**
경험 가치 구체화

③ **가치 정의**
본질적인 과제를 해결하는
가치는 무엇인가?

① **설계 기준**
경험을 통해 실현할 기준 책정

⑤ **검증**
고객이 원하는 경험을 얻었는가?
경험을 통해 얻은 새로운 발견은 무엇인가?
피봇(pivot)할 것인가, 달성할 것인가?

▶ **그림 1.4.1** 고객 경험 구체화의 흐름

설계 기준을 책정하기

목적을 분해해 기업이 제공할 고객 경험 가치에 맞춰 수행할 것·수행하지 않을 것을 명확하게 합니다.

⊙ 목적 분해

경험 설계의 뼈대가 되는 설계 기준을 정의하기 위해서는 목적을 중요 요소(KSF, Key Success Factor)로 분해한 뒤, 경험을 통해 보장할 요소를 파악해야 합니다.

1.3절의 케이스에서 생각해 봅시다. 정호는 INCU 호텔의 목적을 '사람이, 거리가, 미소가 끊이지 않는 매일을 만든다'라고 정의했습니다.

이것을 분해하면,

- 고객과 현지인 모두에 대한 이익을 보장하고,
- 거리 전체의 경제 효과를 보장하고,
- 공동으로 쉽게 지속할 수 있는 운용을 지탱하는 구조

를 만드는 것이 고객 경험 가치 제공과 수익화를 위해 반드시 필요한 요소라고 정리할 수 있습니다(그림 1.4.2).

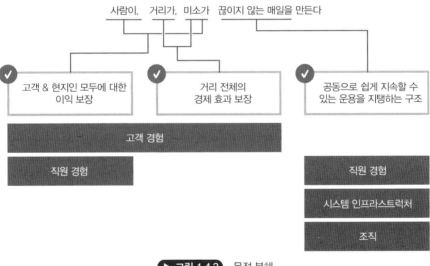

▶ 그림 1.4.2 목적 분해

KSF로 분해할 때 유의할 점은 제공하는 가치나 고객 경험뿐만 아니라 이들을 구현하기 위해 필요한 데이터·조직·시스템 등의 환경도 포함시켜 분해함으로써 행동으로 이어지게 하는 것입니다. 일반적으로 목적을 분해해 KSF를 결정하는 과정에서는 고객 경험 설계를 제외한 데이터 환경, 조직 등 백엔드 측은 간과하기 쉽습니다. 고객 경험 설계뿐만 아니라 백엔드 측도 항상 검증하고 데이터 플랫폼, 시스템 인프라스트럭처, 체제와 조직을 포함해 개선해야 합니다.

⊙ 설계 기준 책정

기업으로서의 목적을 정의하고 그 목적을 실현하기 위한 KSF를 분해한 뒤에는 설계 기준을 결정합니다. 설계 기준에서는 다음 요소를 결정합니다(그림 1.4.3).

- ● Must: 논의의 여지가 없는, 반드시 실행할 것
- ● Should: 필수는 아니지만, 중요한 것, 권장 사항
- ● Could: 목표 실현에는 직접적인 관계가 없지만, 가능하다면 구현하고 싶은 것
- ● Won't: 논의의 여지가 없는, 절대로 하지 말아야 할 것

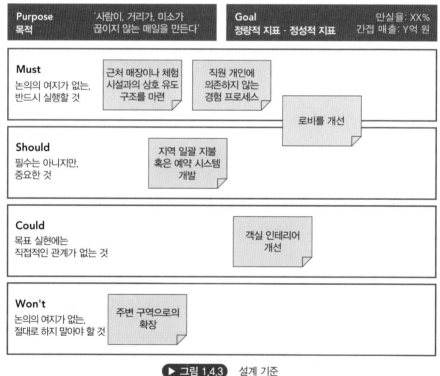

▶ 그림 1.4.3 설계 기준

안타깝지만 이 설계 기준에 의한 요소 평가 없이 많은 프로젝트가 진행되는 것이 사실입니다. 그 결과 온갖 요소를 포함하게 돼, 어떤 과제를 해결하는 가치인지가 소비

자에게 전달되지 않으며, 전체적인 시점에서 봤을 때 기업 이념에 맞지 않는 가치나 고객 경험이 되어버리는 실패가 발생합니다.

프로젝트 책임자가 독단으로 수행하면 설계 기준을 만들 때 Must나 Should가 많아지는 경향이 있습니다. 사내의 각 부문과 다양한 역할자를 포함해 논의함으로써 특정한 의견으로 치우치지 않고, 본질적으로 필요한 요소만을 추출할 수 있습니다. 그리고 설계 기준을 책정하는 작업에서는 절대로 하지 말아야 할 것(Won't)을 명확하게 하는 것이 중요합니다. 프로젝트의 목표, 즉 기업으로서의 목적에 연결되지 않는 사항들을 이후의 논의에서 완전히 배제하는 것입니다. 이렇게 함으로써 프로젝트 구성원의 시선을 통일하고 재작업할 리스크를 줄입니다.

그리고 필수는 아니지만 이 프로젝트에서의 정량·정성 목표를 함께 기록하는 것이 좋습니다. 이후 실시할 고객 이해, 가치 정의, 프로토타이핑, 검증 이후 이 설계 기준과의 일치 여부를 여러 차례에 걸쳐 확인합니다. 확인 결과 어긋남이 있다면 당초의 설계 기준으로 되돌아갑니다. 그때 정량·정성 목표를 확인할 수 있게 되면 실현 가능성을 포함해 의미 있는 논의를 할 수 있습니다.

특히 설계 기준과 고객 이해 프로세스에서는 기업 관점과 고객 관점의 차이가 발생하기 쉬워 여러 차례 서로를 오가기도 합니다. 그러나 어긋남을 확인하고 되돌아가는 것은 적절한 사고가 이루어지고 있다는 증거입니다. 처음에는 스스럼 없이 각 프로세스에서 적극적으로 설계 기준으로 반복하는 것을 권장합니다.

고객 과제를 조사해서 발견하기

여기에서는 기업 시점에 치우친 과제 설정이 아닌, 고객이 해결하고자 하는 본질적인 과제를 설정하기 위한 고객 이해 프로세스에 관해 설명합니다.

⊙ 정량적 · 정성적 데이터를 사용한 과제 설정

고객 경험에 대한 과제를 설정할 때는 정량적·정성적 데이터 모두를 사용해야 합니다(그림 1.4.4, 1.3절 참조).

하지만 많은 프로젝트에서 고객 경험에 대한 과제 설정을 소홀히 하는 사례를 볼 수 있습니다. '지금은 고객 행동의 정량적 데이터가 없으니 어쩔 수 없다'라고 체념하고 그때까지의 경험이나 현장의 감에 의존해 '아마도 이것이 과제일 것이다'라고 결정하고 진행해 버리는 케이스도 많습니다.

현장에서 행동 데이터를 취득할 수 없었다 하더라도 고객의 행동을 관찰함으로써 보이는 행동 패턴이나 기쁨ㆍ불만을 느끼는 대상을 파악하는 것도 훌륭한 데이터가 됩니다.

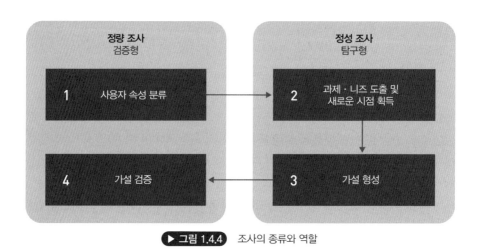

▶ 그림 1.4.4 　조사의 종류와 역할

정량적 고객 데이터를 현재 시점에서 얻을 수 없거나 한정적인 정보밖에 얻을 수 없더라도 괜찮습니다. 정성적 데이터를 활용한다는 마인드셋, 데이터를 취득하기 위한 정성 조사에 관한 지식ㆍ경험(또는 조사 파트너)이 있다면 계속해서 진행할 수 있습니다.

⊙ 인터뷰를 통해 작업을 명확하게 하기

실제로 우리(인큐데이터)도 고객 경험 가치 창조 프로젝트에서는 클라이언트의 데이터 활용 환경이나 상황 여하에 관계없이, 실제 고객(아직 고객이 존재하지 않는 신규 사업일 때는 가정 고객)이나 직원 등 다양한 이해관계자와 인터뷰를 합니다.

인터뷰를 통해서만 파악할 수 있는 고객ㆍ직원 경험에 대한 심정을 정리함으로써, 행동 데이터(결과)에서는 볼 수 없는, 상품ㆍ서비스를 선택하지 않은 이유가 되는 '고민(Pain=불만이나 불편한 포인트)'을 특정할 수 있습니다.

그리고 인터뷰에서는 과제가 되는 고민뿐만 아니라 경험을 통해 기쁨을 느꼈던 '이익(Gain)'도 파악할 수 있다는 점이 중요합니다.

사람은 본능적으로 병목을 명확하게 하고 개선하는 것에 집중합니다. 하지만 고객이 그 경험을 선택한 이유는 다른 방법으로는 얻을 수 없는 이익을 경험을 통해 얻었기 때문입니다. 고민을 없앴다 하더라도 이익이 없으면 고객은 선택하지 않습니다. 고민과 이익 모두를 확보함으로써 비로소 본래 실현하고 싶었던 '작업(완수하고 싶은 목적)'이 명확해 집니다.

클레이튼 M. 크리스텐슨(Clayton Magleby Christensen)이 제창한 작업 이론[1]의 밀크 셰이크 사례는 매우 유명합니다.

이 사례에서는 고객의 기호에 맞추기 위해 설문을 기반으로 응답자의 피드백에 따라 몇 가지 이니셔티브를 실행했지만, 눈에 띄는 공통 사항이나 특징이 없이 전혀 성과를 내지 못했던 한 기업을 소개합니다. 프로젝트 팀은 고객 행동을 관찰하고 인터뷰를 수행해 다음과 같은 목적의 고객이 밀크 셰이크를 구입하고 있음을 알게 됐습니다.

- 아침에 출근하는 사람들은 '심심풀이'라는 작업을 처리한다
- 저녁 무렵의 아버지들은 '상냥한 아버지라는 기분을 맛본다'는 작업을 처리한다

이는 저렴한 가격, 다양한 맛, 많은 양만으로 고객이 선택하지는 않는다는 것을 이해할 수 있는 좋은 사례입니다.

◉ 극단적인 관점으로부터 깨달음 얻기

1.3절의 INCU 호텔의 케이스에서 작업이란 무엇인가를 생각해 봅시다.

과거의 숙박 장부를 기반으로 숙박 고객 속성의 경향을 파악해 고객 니즈를 살폈지만 특징적인 경향이나 공통 사항을 발견하지 못했습니다. 여기에서 '특징이 없다. 주요한 공통 사항이 없다'고 중단할 것인지, 같은 속성 데이터의 공통 요소가 존재하지 않았던 밀크 셰이크 사례와 같이 '관찰'이나 '인터뷰'로 보완할 것인지가 고객 경험 가치 창조를 위한 첫 분기점이 됩니다. 단, 고객 속성이나 행동 데이터를 활용해 공

1　클레이튼 M. 크리스텐슨, 테디 홀(Teddy Hall), 카렌 딜런, 데이빗 S. 던컨, 『일의 언어−새로운 문제를 발견하는 문제 인식의 틀』(알에이치코리아, 2017)

통 요소나 특징량 검출, 인터뷰 대상이 되는 세그먼트 특정은 가능한 범위에서 수행해야 합니다.

이를 기반으로 앞서 설명했던 고객이 행동했던·행동하지 않았던 이유에 관해, 정성 조사를 수행해 본질적으로 달성하고 싶은 작업을 특정하고 사용자가 깨닫지 못했던 깊은 심리를 특정합니다.

이때 정성 조사의 선정 대상에 주의해야 합니다. 구입이나 경험을 빈번하게 수행하는 적극적 사용자(Heavy user)를 선정 대상으로 하기 쉽습니다. 적극적 사용자는 얼핏 보면 평균적 사용자(Average user)에 비해 새로운 관점을 가지고 있을 것 같은 느낌을 줍니다. 하지만 두 사용자 모두 빈도나 금액의 차이일 뿐, 소비자가 스스로 인식하고 있는 잠재적인 과제를 해결하기 위해 상품·서비스를 구입한다는 사실은 다르지 않습니다. 결과적으로 적극적 사용자는 평균적 사용자에 비해 니즈가 더 잘 발현된 것 뿐이라는 결론에 도달하는 경우가 많습니다. 이것으로는 앞서 설명한 작업을 수행하거나 깊은 심리를 특정할 수 없습니다.

그럼 어떤 사용자를 대상으로 정성 조사를 실시해야 할까요? 적극적 사용자, 평균적 사용자, 극단적 사용자(Extreme user)도 그 대상에 포함시킵니다. 극단적 사용자는 다음과 같은 사용자입니다.

1. 극단적인 행동 패턴을 갖는 사용자
2. 극단적인 과제 인식과 요구를 가진 사용자
3. 극단적인 환경에서 생활하는 사용자

이들은 다시 다음과 같이 분류됩니다(그림 1.4.5).

a. 긍정적인 극단적 사용자
b. 부정적인 극단적 사용자

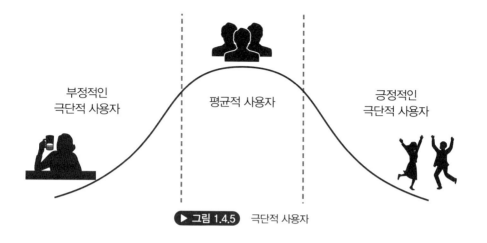

부정적인
극단적 사용자

평균적 사용자

긍정적인
극단적 사용자

▶ 그림 1.4.5 극단적 사용자

이번 INCU 호텔과 같은 여행·숙박에 관한 설계 조사 사례는 다음과 같이 세부적으로 분류할 수 있습니다.

1. 극단적인 행동 패턴을 갖는 사용자
   a. 매주 여행하는 사람
   b. 살면서 거의 여행을 해본 적이 없는 사람
2. 극단적인 과제 인식과 요구를 가진 사용자
   a. 럭셔리 호텔에만 숙박하는 사람
   b. 최저가 호텔에만 숙박하는 사람
3. 극단적인 환경에서 생활하는 사용자
   a. 시간과 비용에 여유가 있어 원하는 대로 예정을 짤 수 있는 사람
   b. 정기적인 휴일이 없어 원하는 대로 예정을 짤 수 없는 사람

얼핏 보면 기존 대상과 상당히 동떨어져 있어 의미가 없다고 생각하는 분들도 있을 것입니다. 하지만 이런 극단적 사용자는 기존 대상에는 없는 새로운 가치관이나 고정 관념에서 벗어난 깨달음을 제공합니다.

◉ 정성 조사 결과로부터 통찰을 도출하기

정성 조사에서 사용자 인터뷰는 적절한 설문 설계와 인터뷰 작성법이 중요합니다. 의도치 않게 사용자를 기업이 원하는 결과로 유도하거나 네·아니요(Yes·No)로 대

답할 수 있는 설문 설계를 수행하는 등 쉽게 빠질 수 있는 많은 함정이 존재합니다. 그리고 깊은 심리를 끌어내기 위해서는 적절한 정보를 끌어낼 수 있도록 촉진해야 합니다. 실제 예시를 들거나 세부적인 사항을 찾아냄으로써 구체적인 답변을 얻을 수 있습니다. 또한 몸동작이나 표정으로부터 본심을 파악하고 질문을 이어가거나 보다 적극적으로 대답할 수 있도록 흥미와 관심을 갖고 경청하는 자세를 보이는 등 인터뷰 스킬도 요구됩니다(그림 1.4.6, 그림 1.4.7).

- 문화 이해나 핸즈온(hands-on)이 목적이다
- 아이가 참가할 수 있어서 좋았다
- 고향 사람에게 지역 추천에 관해 물어 참고했다

A 씨

- 근처의 온천이나 코인 세탁소를 사용할 수 있으면 좋겠다
- 구글(Google)에서 검색할 수 있는 경험은 하고 싶지 않다
- 우연한 만남을 기대한다

B 씨

- 누군가에게 이야기하고 싶어지는 곳에서 묵고 싶다
- 솔직히 매뉴얼대로 고객을 대하는 곳은 짜증난다
- 사람들과 만나고 싶을 때가 있지만, 혼자서 보내고 싶을 때도 있다

C 씨

▶ **그림 1.4.6** 정성 조사 결과 예

모처럼이라 일상과는 다른 것을 하고 싶다

- 지역 경험을 하고 싶다
- 지역 주민과 교류하고 싶다
- 구글에 나오지 않는 정보를 알고 싶다

이 통찰은 호텔과 지역 주민을 연결해서 해결한다

▶ **그림 1.4.7** INCU 호텔의 대상이 안고 있는 작업과 통찰 예

정성 조사를 통해 깊은 통찰을 얻기 위해서는 그에 상응하는 스킬과 경험이 필요합니다. 그렇기 때문에 프로젝트의 목적과 정성 조사 결과를 어떻게 활용할지 명확하게 정하고 외부 조사 기업이나 컨설팅 기업을 활용하는 것도 방법입니다.

과제 해결로 연결되는 가치를 정의하기

다음으로 정량 분석·정성 분석을 통해 도출한 통찰에 맞춰 제공할 고객 경험 가치를 정의합니다.

◉ 포지셔닝 맵 정의

앞서 설명했듯 기업이 정한 목적 구현을 위해서는 먼저 고객 경험에서 담보해야 할 요소를 정의하는 것이 대전제입니다. 그런 다음에 더 필요한 것이 경쟁 혹은 기존 서비스에는 없는 고유함(Uniquness)을 확립하는 것입니다.

이것은 지금까지 없던, 새로운 가치를 창출하는 것만을 가리키지는 않습니다. 자사 상품·서비스가 영역이나 속성, 채널이나 가격 같은 점에서 경쟁 기업과 다른 특징을 가진다면 고유함을 보장할 수 있습니다. 하지만 만약 모든 특징이 경쟁 기업의 것과 같고, 제공하는 가치도 같다면 한정된 잠재 고객의 소비에 그치게 됩니다. 그때는 가치를 수정하거나 고유함을 보장하는 인자를 찾아야 합니다.

그리고 독자적인 위치를 정의했다 하더라도 앞서 정리한, 기업이 실현해야 할 요소와 동떨어져 있다면 그 기업이 제공하는 의의가 사라지게 됩니다. 구체적인 경험 가치가 기업으로서 보장해야 할 요소와 연계돼 있는지에 관해 늘 의식하고 이후의 행동에서 필요하다면 되돌아오도록 하는 것이 중요합니다(그림 1.4.8).

포지셔닝 맵(Positioning Map) 정의에서는 축의 선정이 핵심입니다. 일반적으로 기업으로서 갖고 있는 독자성, 고객이 의사 결정을 하는 데 중요한 영향을 미치는 요소를 기반으로 생각합니다.

이번 경우라면 INCU 호텔은 지역 활성화의 견인차로서 고객과 거리를 연결하는 허브가 돼, 경제 효과뿐만 아니라 사람들을 즐겁게 만드는 경험을 제공해야 합니다. 이를 전제로 검토하면 현재 객실의 시설은 높은 품질을 갖고 있으며 이는 강점 중 하나라고 말할 수 있습니다.

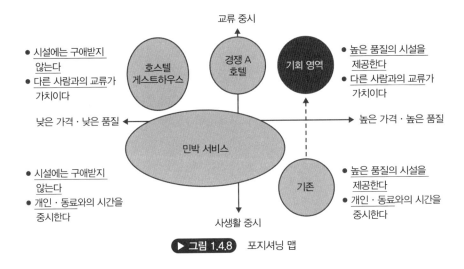

교류 중시

호스텔
게스트하우스

경쟁 A
호텔

기회 영역

● 시설에는 구애받지
않는다
● 다른 사람과의 교류가
가치이다

● 높은 품질의 시설을
제공한다
● 다른 사람과의 교류가
가치이다

낮은 가격 · 낮은 품질

높은 가격 · 높은 품질

민박 서비스

● 시설에는 구애받지
않는다
● 개인 · 동료와의 시간을
중시한다

기존

● 높은 품질의 시설을
제공한다
● 개인 · 동료와의 시간을
중시한다

사생활 중시

▶ 그림 1.4.8　포지셔닝 맵

이를 바탕으로 경쟁 기업의 포지셔닝을 매핑해 봅니다. 그러면 지역 문화 체험 등을 미끼로 고객과 지역 주민의 교류를 촉진하는 가치는 INCU 호텔의 독자적인 것임이 판명됐습니다. 이렇게 자사만이 제공할 수 있는 가치, 동시에 기업으로서의 목표에 연계된 독자적인 포지셔닝을 정의할 수 있습니다.

프로토타이핑 – 고객 경험 가치 구체화

고객 경험 가치의 큰 틀을 결정했다면 실제로 그 가치를 제공하는 상품 · 서비스를 구체화합니다. 발굴한 고객의 작업을 달성하고자 할 때 무엇이 그것을 촉진하는지 (Gain) · 방해하는지(Pain)에 관해 인터뷰에서 도출한 사실들을 기반으로 프로젝트 구성원들이 논의해 정리합니다.

이 경험 가치 구체화 작업에서는 다음 두 가지가 중요한 포인트입니다.

1. 혼자 생각하지 않는다
2. 기업 측의 관점을 잊는다

첫 번째 항목에서 여러 사람이 작업에 참여하는 것이 중요합니다. 혼자 진행하면 아무리 조심해도 개인의 가치관을 따라 생각하기 쉽습니다. 그러면 어느새 소비자의 작업이 아니라 담당자로서의 시점이 많이 반영될 수밖에 없습니다.

그렇기 때문에 경험 가치 구체화는 워크숍 형식으로 진행하는 것이 좋습니다. 워크숍 형식으로 진행할 때도 비슷한 가치관으로 기우는 일을 방지하기 위해 다양한 구성원들이 실시하는 것이 중요합니다. INCU 호텔의 케이스에서는 프로젝트를 추진하는 구성원뿐만 아니라 실제로 고객과 만나는 호텔 스태프, 백오피스 등 다른 부문의 직원, 경영층을 포함해 진행하는 것이 적절합니다.

두 번째 항목에서는 기업 측의 관점을 배제하고 객관적으로 생각하는 것이 중요합니다. 이 단계에서 기업으로서의 주관적 사고, 예를 들면 수익성 관점을 갖고 추진하는 것을 피해야 합니다. 기업 측의 관점을 갖게 되면 기업의 사고를 반영하게 되며, 기업 중심의 관점에 소비자의 관점을 끼워 넣게 돼 버립니다. 결과적으로 소비자에게 있어 의미 없는 상품·서비스가 만들어지게 됩니다.

회사 밖에서는 여러분도 한 명의 소비자입니다. 소비자의 관점을 가짐으로써 평소에는 보이지 않던 본질적인 가치를 깨달을 수 있을 것입니다.

◉ 가치 제안 캔버스

다음으로 실제 고객 경험 가치를 구체화할 때 사용할 수 있는 도구로 알렉산더 오스터왈더(Alexander Osterwalder)가 제창한 가치 제안 캔버스(Value Proposition Canvas)가 유용합니다(그림 1.4.9). 가치 제안 캔버스란 기업이 고객에게 제공하는 가치를 명확하게 하고, 최종적으로 어떤 상품·서비스를 사용해 고객 경험을 제공하는지를 정리하는 프레임워크(framework)입니다.

가치 제안 캔버스는 주로 다음 요소로 구성됩니다.

1. 고객 니즈:
   ① 고객이 본질적으로 해결·실현하고 싶은 것(작업)
   ② 고객이 얻고 싶은 이익(Gain)
   ③ 고객이 가진 고민(Pain)
2. 제공 가치:
   ① 고객에게 제공하는 상품과 서비스
   ② 고객의 이익을 늘리는 것(Gain creator)
   ③ 고객의 고민을 제거하는 것(Pain reliever)

- 고객의 이익(Gain)과 고민(Pain)을 깊이 파헤침으로써 고객의 작업(해결·실현하고 싶은 것)이 보인다
- 이러한 통찰에서 상품을 생각해내면 '자사만이 제공할 수 있는 가치'의 실체가 모습을 드러낸다

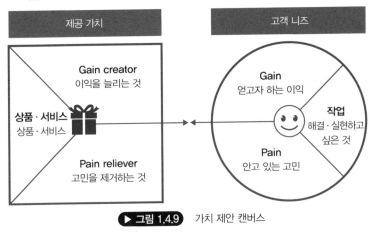

▶ 그림 1.4.9 가치 제안 캔버스

고객 니즈 및 그에 대응하는 형태로 고객에 대한 제공 가치를 정리·시각화합니다. 이를 통해 고객과 기업이 생각하는 가치가 어긋나는 것을 방지하고, 고객에게 의미 있는 상품이나 서비스, 그에 연결된 고객 경험을 제공할 수 있게 됩니다.

가치 제안 캔버스의 각 요소는 다음과 같은 대응 관계에 있습니다.

① 작업 ⟷ ⑥ 상품·서비스
② Gain ⟷ ④ Gain creator
③ Pain ⟷ ⑤ Pain reliever

고객 니즈(①, ②, ③)를 시각화한 뒤, 고객의 이익을 늘리고(④), 고민을 해소하고(⑤), 마지막으로 상품·서비스를 정의하는(⑥) 흐름으로 진행합니다.

INCU 호텔의 케이스를 기준으로 검토하면 다음과 같이 정리할 수 있습니다(그림 1.4.10).

① 고객이 달성하고자 하는 과제(=작업)를 '여행지에서 다른 곳에서는 경험할 수 없는 것에 도전하고 싶다'라고 정의합니다.

② 고객이 달성하고자 하는 작업을 실시함으로써 고객이 얻는 이익(=Gain)은 '여행지에서 미지의 정보를 얻는다'와 '다양한 사람들과 만날 기회' 등을 생각할 수 있습니다.

③ 반대로 작업을 해결하는 데 있어 고객에게 고민이 되는 것(=Pain)에 관해서는 '그 경험을 선택하는 것이 고객 자신에게 정말 적절한가?' 등을 생각할 수 있습니다.

④ '지역의 멋진 모습을 알고 있는 현지 전문가의 추천'에 따라 ②의 '여행지에서 미지의 정보를 얻는다'와 '다양한 사람과 만날 기회'를 늘릴 수 있습니다.

⑤ '고객의 과거 행동이나 선호도 데이터를 기반으로 흥미가 있는 장르나 응답을 시각화'함으로써 ③의 '그 경험을 선택하는 것이 고객 자신에게 정말 적절한가?'의 고민을 해소합니다.

⑥ ①의 '여행지에서 다른 곳에서는 경험할 수 없는 것에 도전하고 싶다'를 실현하는, '숙박 고객이 요구하는 최적의 경험을 노력하지 않고도 즉시 실현할 수 있는 장소'를 호텔이 제공합니다.

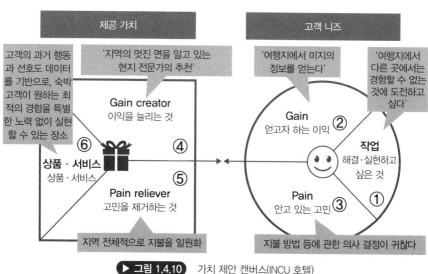

▶ 그림 1.4.10 가치 제안 캔버스(INCU 호텔)

가치 제안 캔버스를 정리할 때는 ④ Gain creator와 ⑤ Pain reliever를 사업자 측의 관점에 치우치지 않고 검토해야 한다는 점에 주의합니다.

처음부터 여러 과제를 해결하고자 하는 관점에서 생각하면 가장 근본적인 요소가 무엇인지 모호해집니다. 이 태스크(task)를 진행할 때는 단순함이 핵심입니다.

여러분도 소비자의 관점에서 '나라면 ○○하면 기쁠 것 같다', '××가 있다면 귀찮지 않을 것 같다'와 같은 아이디어를 적극 제안해 봅시다. 워크숍의 퍼실리테이터(Facilitator)는 소비자로서의 의견을 낼 것 같은 참가자로부터 적극적으로 의견을 이끌어냅니다.

⊙ 고객 경험 설계

구체적인 경험 가치 요소를 결정한 뒤에는 실제로 그 요소들을 조합해 경험을 설계합니다. 이 단계에서는 설계 기준과 제공 가치 요소에 관해 모든 구성원의 인식이 정렬된 상태가 됩니다. 그렇기 때문에 워크숍만이 아니라 각자의 업무 스타일에 따라 검토해도 인식 차이가 발생할 리스크는 낮아집니다. 프로젝트 오너가 구성원에게 영역별로 태스크를 나누는 방법으로도 진행할 수 있습니다.

여기까지의 논의에 따라 결정된 프로젝트 목표, 기업으로서의 설계 기준, 소비자가 본질적으로 원하는 가치가 어긋남이 없는지 확인하면서 고객 경험에 대한 아이디어를 만듭니다. 여기에서는 지속 가능한 비즈니스로 만들기 위해 이 고객 경험이 사업에 미치는 영향을 고려하며 설계하는 것이 중요합니다.

INCU 호텔의 사례로 생각해 봅시다. 고객이 요구하는 '여행지에서 다른 곳에서는 경험할 수 없는 것에 도전하고 싶다'라고 하는 작업을 전제로 검토합니다. 우선, 지불을 고려해 가게나 체험을 선택해야 한다고 하는 고민(=Pain)을 해결하기 위해서, 지불의 일원화를 도모합니다.

구체적으로는, 지역 점포에서의 구매나 체험 때마다 현금으로 지불하는 불편한 체험을, 고객의 객실 키를 제시하는 것만으로 완료하는 체험으로 변경하기로 했습니다. 이에 따라 지불에 대해서는 최종적으로 합산해 호텔에서 한 번의 결제만 하는 간편한 경험으로 집약하게 됩니다. 이는 국내 각지로부터의 고객은 물론, 인바운드 관광객의 지불 방법의 번잡함을 원인으로 놓쳐 버릴 가능성이 있던 비즈니스 기회를 확보하는 것으로, 본 프로젝트의 '지역 문화 체험과 타인과의 교류를 촉진한다'는 목적을 달성할 수 있습니다. 덧붙여, 고객 행동 데이터의 취득이나 수수료 수입이라고 하는 사업으로서의 메리트도 염두에 둘 필요가 있습니다(그림 1.4.11).

통찰	고객 경험	호텔의 편익
전자 결제에 대응하지 않는 상점은 여행자가 충분한 현금을 갖고 있지 않아 '구매할 수 없는' 상황이 많이 발생한다	호텔이 제공하는 식사 · 쇼핑 · 체험의 지불을 체크아웃할 때 모아서 통화에 관계없이 결제할 수 있다	지역 전체를 활성화함으로써 관광객을 늘린다 수수료를 통한 수익을 예상할 수 있다

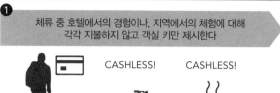

❶ 체류 중 호텔에서의 경험이나, 지역에서의 체험에 대해 각각 지불하지 않고 객실 키만 제시한다

여행자

❷ 호텔에서 일괄 결제한다

여행자 호텔에서 일괄 결제

▶ 그림 1.4.11 경험 구체화 예 ①

이익(=Gain)을 증가시키는 방향으로 지역의 전문가인 지역 조언가를 호텔에서 인정하는 것도 좋습니다. 이 조언가들은 여행자가 스스로는 발견할 수 없는 숨겨진 매력을 고객 선호도에 따라 제안합니다. 이를 통해 다른 곳에서는 경험할 수 없는 고유한 고객 경험의 기회를 늘리고 지역 전체 활성화에 기여할 수 있을 것입니다(그림 1.4.12).

통찰	고객 경험	호텔의 편익
직접 지역 근처에 뛰어들 용기는 없지만, 누군가 말을 걸어준다면 들어가보고 싶다	지역 조언가가 여행자의 개성에 맞춰 체험이나 지역 주민을 소개한다 소개 받은 사람 역시 또 다른 것을 소개함으로써 '연쇄 효과'를 일으킨다	지역 전체가 활성화함으로써 관광객이 늘어난다 지역과 관계가 향상되고 협업을 유발한다

❶ 지역 조언가가 지역 주민을 소개

여행자 지역 조언가

❷ 소개지에서는 지역 주민만 아는 명물을 맛본다

여행자 소개지

❸ 소개지에서 다른 것을 소개한다

여행자 소개지

▶ 그림 1.4.12 경험 구체화 예 ②

또한 이 내용은 핵심이 되는 고객 경험 가치 제공에만 머물러서는 안 됩니다. 각 여행자가 실제로 소개된 경험을 실시했는지, 고객 만족도가 어떻게 변화하는지 등 호텔 혼자서는 제공할 수 없는 가치와 숙박 속성을 교차 분석해서 마케팅에 활용할 수 있습니다. 또한 지불을 중앙집중식으로 관리하고 분석함으로써 구매 행동까지의 동선을 파악할 수 있게 됩니다.

비즈니스에 기여하는 고객 경험이 꼭 기업 혼자만으로 성립할 필요는 없습니다. 하나의 고객 경험 가치만으로 평가하는 것이 아니라 INCU 호텔과 같이 지역을 둘러싸고 있는 일련의 고객 경험을 '연계하는 측면'에서 제공함으로써 고객의 니즈를 해소해 비즈니스에 기여할 수도 있습니다(그림 1.4.13).

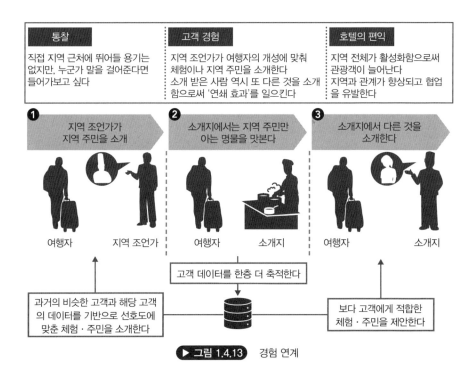

▶ 그림 1.4.13 경험 연계

⊙ 프로토타이핑의 중요성

지금까지 고객 경험 설계에 관해 설명했습니다. 하지만 고객 경험이 설계 기준·고객 이해·가치 정의 요소를 만족했다 하더라도 곧바로 본격적인 개발이나 실행을 해서는 안 됩니다. 먼저 프로토타이핑이나 PoC(Proof of Concept, 개념 증명)를 수행한 뒤 실질적으로 채용 여부를 판단해야 합니다.

이것은 문자 그대로 프로토타이핑이므로 대단한 것을 만들 필요는 없습니다. 여기에서는 지금까지 실시한 과제 탐색으로부터 가치 정의에 이르는 과정을 통해 얻은 가설이 고객의 과제에 대한 답이 됐는지 확인해야 합니다. 화려함 또는 현재 시스템과의 연계성 등에 대해서는 이 단계에서 고려하지 않아도 됩니다.

예를 들면 디지털 경험의 경우 일반적으로 화면을 본 뜬 종이를 페이지별로 준비하고 종이 연극처럼 보면서 화면 설계가 적절한지, 병목은 없는지 등을 검증하는 '페이퍼 프로토타이핑'을 하거나 Adobe XD·Figma 같은 디자인 도구를 사용해 프로토타이핑한 뒤 가정한 디바이스 환경에 맞춰 검증을 수행합니다.

그리고 '오즈의 마법사 테스트'라 불리는 프로토타이핑은 디지털·오프라인 경험 모두에서 널리 활용되고 있습니다.

이것은 실제 경험으로 구현할 예정인 시스템이나 업무 흐름을 탑재한 '척' 행동하면서 새로운 고객 경험 또는 기존 고객 경험이 개선되는지 검증할 때 매우 효과적인 방법입니다.

앞의 사례에 비추어 생각해 봅시다. 지역 내 지불 중앙집중식 고객 경험의 경우, 각 여행자에게 고유한 ID를 부여합니다. 그리고 ID별로 각 매장에서의 지불 데이터를 시스템에서 중앙집중 관리하고, 마지막으로 호텔 측에서 모아서 청구해야 합니다. 단, 구상 단계에서 시스템을 구축하는 것은 리스크가 매우 높아집니다.

한편, 시스템이 있는 '척'하는 것이라면 이 고객 경험이 본질적인 과제 해결 방법으로써 올바른지 아닌지 검증할 수 있습니다. 우선 인력만으로 검증을 해봅니다.

특정 매장에만 모니터를 설치하고 테스트한다면 시스템 개발은 필요하지 않습니다. 객실 번호와 이름 정도만 관계자 사이에서 공유하면 금액은 전화와 영수증으로 공유할 수 있습니다. 검증 대상 매장을 늘리는 경우라 하더라도 스프레드시트를 공유하는 방법으로 대응할 수 있습니다.

대규모 호텔에서의 실제 운용을 위한 인적 자원을 고려하면 수기 입력만으로 계속 운용하기는 어렵습니다. 실제로는 지역 조언가의 과거 제안 내용과 숙박 고객의 피드백 등의 학습 데이터에 기반해 AI 시스템을 만드는 등의 일이 필요할 것입니다. 하지만 그런 대규모 개발을 했음에도 불구하고 효과를 얻지 못하는 경우도 있습니다. 그런 사태를 방지하기 위해 우선 '인력'만으로 효과를 검증하고 판단하는 것이 좋습니다.

설명이 반복되지만 프로토타이핑의 목적은 고객으로부터 확인할 수 있는 경험 설계가 적절한지 검증하는 것입니다. 프로토타이핑을 통해 검증을 반복하면서 가설상으로는 나오지 않았던 고객 체험의 병목 해소를 도모합니다. 그 다음 기업으로서의 브랜드에 맞게 경험을 날카롭고 아름답게 다듬어 가는 것이 좋습니다.

사실 이 과정은 매우 지루한 개선 작업의 연속입니다. 동시에 고객으로부터 얻는 생동감 있는 목소리와 기업으로서의 이상을 맞추면서 달려 나가는 매우 충실한 기간이 될 것입니다.

고객 경험 검증

고객에게 있어 이상적인 경험을 구체화하더라도 그것은 어디까지나 가설에 기반한 구상일 뿐입니다. 예상 고객에게 프로토타입을 사용하게 하고 현실 세계에서 테스트해야만, 즉 고객 경험을 검증해야만 비로소 그 경험에 가치가 있는지 객관적으로 평가할 수 있습니다.

고객 경험을 검증할 때는 일련의 경험을 의사적으로 구현하기 위한 프로토타입을 준비한 뒤 예상 고객이 테스트하게 합니다. 그리고 테스트를 통해 얻은 결과를 참고하면서 경험 전체를 개선합니다.

한편, 검증을 할 때 그저 소비자가 프로토타입을 사용하게 하는 것만으로는 충분하지 않습니다. 검증 설계가 충분하지 않은 채 검증을 실시하면 누구를 위한, 무엇을 위한 프로토타입이었는지가 모호해집니다. 그 결과 이후의 판단에서 주관적인 의사 결정을 하는 경우도 빈번하게 발생합니다. 이를 방지하기 위해서는 몇 가지 사항에 주의해야 합니다.

⊙ 검증 결과를 평가할 때의 주의점

첫 번째는 자신이나 팀에서 정의한 가설을 부정하고 싶지 않다는 심리입니다. 많은 시간을 들여 검토하고 구체화한 경험이 본질적인 과제 해결로 이어지지 않았다는 결과를 받아들이지 못하고, 평가 지표나 타깃을 바꿈으로써 이 경험이 고객의 과제 해결에 기여했다는 식의 결론으로 연결하려고 하는 것입니다.

이런 주관을 가능한 배제하고 객관적인 평가를 내리는 데 도움이 되는 것이 데이터입니다. 실제로 프로토타입을 어떻게 조작했는지, 가정한 경험을 하는 데 시간이 얼마나 소요됐는지 등 검증을 설계하는 단계에서 필요한 데이터를 수집할 수 있도록 해야 합니다.

두 번째는 검증 전에 세운 개발 일정을 고집하는 것입니다. 검증 결과에 기반한 일정 수정은 예정하고 있지만, 큰 규모의 정책 전환이 필요한 상황은 허용하지 않고 지엽적인 수정만 허용하는 개발 일정으로 짜여진 경우가 많습니다.

이런 경우에도 검증 수행 전에 검증 결과에 따라 평가를 내리는 정책(예를 들면 중요도에 따라 검증 후 개발 일정의 수정도 수행한다 등)을 미리 정해두는 것이 바람직합니다.

⊙ 검증 후의 행동

검증 결과에 따라 다음 세 가지 행동 중 하나를 취할 수 있습니다.

1. 정식으로 개발 · 운용한다
2. 정책을 전환(피봇)한다
3. 재검증한다

가설로 정의한 가치가 실제로 고객 경험을 향상시킨 결과를 얻었을 때는 고객 경험을 실현하기 위한 시스템 개발 등을 수행하게 됩니다. 반대로 정의한 가치가 예상했던 효과가 없다는 결과를 얻었을 때는 피봇해야 합니다. 한편 결과 지표에 큰 편차가 발생했거나, 모수(母數)가 부족해 신뢰성을 보장할 수 없을 때는 재검증을 수행해야 합니다(그림 1.4.14).

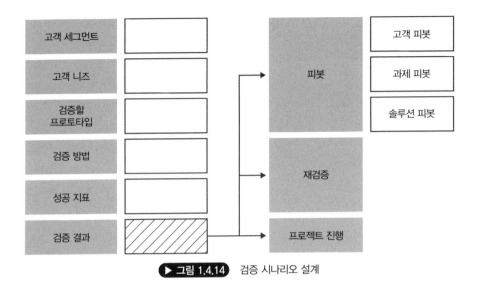

▶ 그림 1.4.14 검증 시나리오 설계

피봇은 크게 세 가지로 나눌 수 있습니다(일반적으로 비즈니스 설계에서의 피봇에 관한 사고 방식에서는 다음 세 가지에 기술과 성장을 더해 다섯 가지로 분류합니다. 이 책에서는 고객 경험에 관한 부분을 단순화하기 위해 세 가지로 정의합니다).

1. 고객 피봇: 타깃이 되는 고객 세그먼트의 정의를 변경한다
2. 과제 피봇: 특정 고객의 본질적인 과제를 재정의한다
3. 솔루션 피봇: 과제를 해결하는 가치를 재정의한다

아래쪽으로 갈수록 영향도가 큽니다. 따라서 '고객', '과제', '솔루션' 순서로 피봇할지 말지 검증하는 것이 바람직합니다(그림 1.4.15).

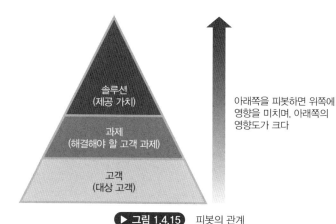

아래쪽을 피봇하면 위쪽에
영향을 미치며, 아래쪽의
영향도가 크다

▶ 그림 1.4.15 피봇의 관계

'피봇을 수행한다=가설이 잘못됐다'라는 의미이기는 하나 피봇이 꼭 나쁜 것만은 아닙니다. 반대로 원래 가설에 과도하게 얽매이면 검증 방법도 치우치게 됩니다. 그 결과 고객을 위해서가 아니라, 기업이나 프로젝트 담당자의 자기 만족이라는 주객전도의 결과로 끝나게 됩니다.

그러한 리스크를 피하고 본질적인 가치를 고객에게 제공하기 위해서는 프로토타이핑의 실행 및 검증 전에 제대로 검증 시나리오를 설계해야 합니다. 데이터를 이용한 객관적인 평가에 근거한 행동을 실시함으로써 이상적인 고객 경험을 정의할 수 있게 됩니다.

◉ 고객 이해부터 검증까지의 과정을 반복한다

이번 절에서는 고객 과제와 기업이 제공할 가치를 정의하고 프로타이핑을 통한 검증을 거쳐 고객 경험을 향상시키는 과정에 관해 소개했습니다. 이 흐름을 반복함으로써 이상적인 고객 경험에 보다 가까워질 수 있습니다.

그러면 이런 지루한 반복 작업을 뛰어 넘어 마지막으로 얻는 것은 실제 무대 뒤에서 일하는 직원의 경험입니다.

1.5 직원 경험을 설계하기

고객 경험을 바꾸는 것은 직원 경험을 바꾸는 것

소비자에 대한 경험 가치를 결정했더라도 단지 그것을 구현하기 위해서만 시스템 개발 등을 하게 되면 나중에 큰 함정에 빠질 가능성이 있습니다. 직원의 업무 흐름, 개선에 이르기까지의 프로세스에 대한 실현 가능성을 검증한 뒤 진행하지 않으면 실제로는 어떤 개선으로도 이어지지 않고 공론으로 끝나버리기도 합니다.

앞서 설명했듯 어떤 '점'에만 주목하게 되면 표면적으로는 개선한 듯 보여도, 그 배후의 프로세스를 개선하지 않는다면 전체적으로 바람직한 경험이 되지 않습니다. 소비자와 직원 모두에게 바람직한 경험을 실현하기 위해서는 디지털 · 오프라인에 관계없이 직접 접점을 갖는 경험(프론트 스테이지)뿐만 아니라, 그 뒤쪽에서 움직이는 스태프나 시스템의 흐름(백 스테이지)에 대해서도 반드시 고려해야만 합니다(그림 1.5.1).

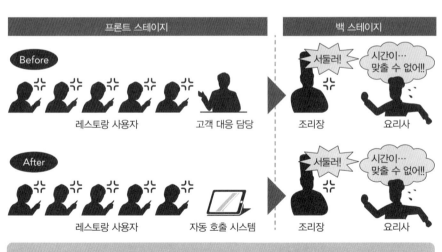

> 표면적인 고객 경험만 개선한다 해도 그와 관련된 직원 경험이
> 개선되지 않으면 본질적인 문제는 해결되지 않는다

▶ 그림 1.5.1 직원 경험의 중요성

1.4절에서 다뤘던 '오즈의 마법사 테스트'에서는 백 스테이지에 대한 처리가 모종의 '마법'으로 이미 완료돼 있다고 가정합니다. 이를 전제로 프론트 스테이지에서 제공하는 경험이 소비자가 원하는 본질적인 가치를 제공하는지 검증합니다. 당연히 프론트 스테이지에서의 검증을 통과한다면 백 스테이지의 프로세스 시스템을 설계하고 검증해야 합니다.

'처음부터 실행 가능한 업무 흐름이나 시스템을 파악한 뒤, 고객 경험을 설계하는 것이 좋지 않은가?'라고 생각할 수도 있습니다. 하지만 이 프로젝트의 목적에 관해 다시 생각해 봅시다.

처음부터 실행 가능한 것을 전제한다면 프로젝트의 목표 설정부터 고쳐야 합니다. 그리고 PoC나 프로토타이핑 수행이 목적이 되어, 소위 'PoC가 목표다'라는 슬픈 결말을 맞게 될 리스크가 있습니다. 목표를 올바르게 설정하고 항상 의식하는 것이 중요합니다.

◉ 고객 경험 설계와 직원 경험 설계를 연계해서 진행한다

고객이 요구하는 가치를 실현하기 위한 직원 경험을 백캐스팅 접근 방식으로 생각하고, 현재 직원 경험의 과제로부터 포어캐스팅 접근 방식으로 생각함으로써 전체적인 정합성을 확인하며 진행할 수 있습니다.

큰 조직이라면 고객 경험 설계와 직원 경험 설계를 다른 부서에서 별도의 프로젝트로 진행하는 방법도 생각할 수 있습니다. 나중에 인식 차이가 발생해 실현 불가능하게 되지 않도록 진행 중인 프로젝트 상황을 적절하게 파악해야 합니다. 또한 부서나 프로젝트를 가로질러 동시에 검토할 수 있는 체제를 구축하는 것도 프로젝트 진행의 중요한 포인트입니다.

서비스 청사진 책정

고객 경험 설계와 직원 경험 설계를 한 쌍으로 생각하고, 전체적인 경험으로써 정합성을 확인하는 가장 좋은 방법은 서비스 청사진(Service Blueprint)을 만드는 것입니다. 고객 여행 지도(Customer Journey Map)는 고객 경험을 정의할 때 사용합니다. 하지만 고객 여행 지도에 너무 의존하면 고객에게는 이상적이지만 직원 경험이나 조직 과제를 간과하게 되고, 현실에서는 실행할 수 없는 경험을 만들게 될 수 있습니다. 따라서 실현 가능성을 보장하면서 고객 관점에서의 경험 프로세스를 구축해야 합니다. 서비스 청사진은 고객에게 경험이 제공되기까지의 프로세스를 직원 경험이나 시스템 흐름과 함께 시각화하는 도구입니다. 서비스 청사진을 사용하면 한 장의 그림으로 서비스 전체를 시각화할 수 있습니다. 프론트 스테이지와 백 스테이지의 움직임을 한눈에 조명해서 파악할 수 있어 실현 가능한 프로세스 구축으로 이어집니다.

⊙ 서비스 청사진 상세

서비스 청사진은 그림 1.5.2의 네 가지 요소로 구성됩니다.

1	고객 행동	작업 달성을 위해 고객이 수행하는 행동
2	프론트 스테이지 행동	고객이 직접 볼 수 있는 위치에서 경험을 제공하는 측이 수행하는 행동
3	백 스테이지 행동	고객이 직접 볼 수 없는 위치에서 경험을 제공하는 측이 수행하는 행동
4	백엔드 프로세스	위의 세 가지 요소를 실현하기 위해 경험을 제공하는 조직 안에서 수행하는 단계나 활동

▶ 그림 1.5.2 서비스 청사진의 네 가지 요소

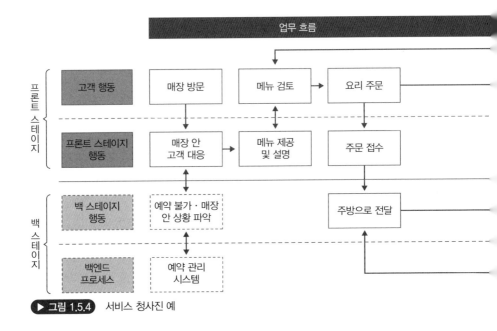

▶ 그림 1.5.4 서비스 청사진 예

그리고 이러한 네 가지 요소는 각각 그림 1.5.3의 세 가지 경계선으로 나눠진 상태로 기술합니다.

a	인터랙션 경계선	사용자와 경험을 제공하는 측과의 직접적인 소통을 표현하는 경계선
b	가시 경계선	사용자에게 보이는 경험과 보이지 않는 경험을 구별하는 경계선
c	내부 인터랙션 경계선	내부 시스템이나 본 · 부기능 등 경험상 직접 관여하지 않는 경계선

▶ 그림 1.5.3   서비스 청사진의 세 가지 요소 사이의 경계선

서비스 청사진을 책정하는 프로세스는 매우 단순합니다. 네 가지 구성 요소를 1부터 4까지 순서대로 매핑하는 것에서 시작합니다.

먼저 일반적인 고객 여행 지도와 마찬가지로 고객 경험에서의 행동 흐름을 고객 행동으로 기술합니다.

다음으로 고객 행동에 대해 직접 인터랙션하는 업무 프로세스인 프론트 스테이지 행동을 기술합니다. 디지털에서의 경험이라면 웹 페이지의 역할 또는 인력 항목에 해

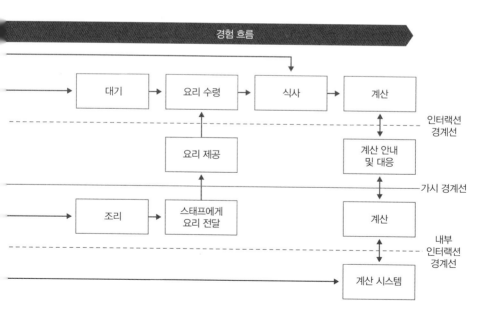

당됩니다. 하지만 모든 고객의 행동에 대해 반드시 프론트 스테이지 행동이 존재하지는 않습니다.

이 단계 이후부터는 고객에게 보이지 않는 영역, 즉, 백 스테이지 측을 매핑합니다. 예를 들면 레스토랑에서는 주방에서의 조리가 여기에 해당합니다. 예약 사이트에서는 입력된 검색 조건에 누락이 존재하는지 확인하는 쿼리 실행 등이 해당합니다. 이 행동들을 실행하기 위한 시스템이나 본기능 · 부기능 동작이 백 스테이지 행동입니다(그림 1.5.4).

매핑을 완료했다면 행동들 사이의 관계를 순서를 고려해 화살표로 정리합니다. 이를 통해 행동 사이의 관계를 시각화할 수 있고, 프론트 스테이지 행동 사이에서 큰 규모의 백 스테이지 행동이 발생하거나, 두 가지 백 스테이지 행동이 수행되지 않으면 고객 경험을 제공하지 못하게 되는 등의 병목이 명확해집니다. 이를 통해 적절한 경험을 제공하기 위해 필요한 직원 경험의 개선을 관계자 전원이 한눈에 파악할 수 있게 됩니다.

그리고 내부 시스템 문제나 조직적인 과제 등 짧은 기간에는 개선이 어려운 제약이 있을 때는 그것을 백 스테이지 측에 주석으로 기재해 두는 것이 중요합니다. 이를 통해 고객 경험 구축에 있어 중요한 과제임을 경영층에 쉽게 인식시킬 수 있습니다. 그리고 단기적으로는 고객에 대해 핵심 가치를 훼손하지 않는 형태로 전체적인 경험을 얼마나 설계할 수 있는가라는 논의를 원만하게 할 수 있습니다.

서비스 청사진을 책정함으로써 실제 고객 경험을 구현하기 위해서는 반드시 필요한, 백 스테이지 측의 변혁 프로젝트의 목적을 명확하게 할 수 있습니다.

목적을 중심으로, 드디어 데이터 활용의 세계로

성공적인 DX 추진이나 경험 창조를 위해서는 고객과 사회에 제공하는 가치가 무엇인가라는 목적을 명확하게 해야 합니다. 목적을 잃지 않은 상태에서 데이터라는 수단을 활용함으로써 고객에게 제공하는 가치, 그리고 사회에서의 존재 의의를 보다 견고하게 만들 수 있습니다.

2장에서는 이를 실현하는 데 반드시 필요한 고객 데이터 플랫폼 구축에 관해서 설명하고, 3장에서는 조직 변혁에 관해 설명합니다. 이 책에서 다루는 모든 내용 사이의 관계를 의식하며 프로젝트를 추진하기를 권장합니다.

워크숍 성공의 비결

DX 또는 경험 설계에서는 '목표를 정하는 것이 중요'하다고 1장에서 설명했습니다. 우리(인큐데이터)는 이런 고민을 안고 있는 기업을 지원해 프로젝트를 성공하도록 이끌고 있습니다. 여기에서 '워크숍'이 중요한 역할을 담당합니다.

워크숍은 세 가지 단계로 이루어집니다. 첫 번째는 '사용자의 목소리를 듣고 과제나 니즈를 파악하는 것', 두 번째는 '프로젝트의 목적과 목표를 결정하는 것', 세 번째는 '집단 지성을 사용해 자신들을 재정의하는 것'입니다. 이번 장에서는 첫 번째와 두 번째 단계에 관해 설명했으므로 칼럼에서 세 번째 단계에 관해 조금 더 설명합니다.

집단 지성이란 무엇일까요? '모든 사람의 의견을 모아서 한 가지를 결정해 나가는 것'이라고 바꿔 표현할 수 있습니다. 문장으로 만들면 단순하게 생각될지 모르지만 우리가 그동안 봐왔던 많은 현장에서는 이 '의견을 모으는' 과정이 잘 이루어지지 않아 프로젝트가 좌초됐습니다. 애초에 '의견을 모으는' 것이 우리가 일상적으로 수행하는 업무이고 이를 수행하지 못한다면 아무것도 진행되지 않는 것이 아닌가? 하고 생각할 수도 있습니다. 하지만 올바르게 '의견을 모은' 영역에서는 업무가 진행되고, 올바르게 '의견을 모으지 못한' 영역에서는 병목이 발생한다고 이해하면 좋을 것입니다.

올바르게 '의견을 모으는' 것이 불가능한 이유로는 경영층 등 닫힌 영역에서만 논의가 이루어져 정보가 단절되는, 다른 영역 사이에서 커뮤니케이션이 단절돼 공통의 언어가 없는, 자유로운 발언을 허용하는 사내 문화가 없는 점 등을 들 수 있습니다. 이런 과제는 많든 적든 모든 기업에 존재합니다. '우리 회사에서는 부문간 확실한 커뮤니케이션이 이루어지고 있는가?'하고 스스로 문답해 보면 그 심각성을 느낄 수 있을 것입니다. 워크숍에서는 이런 과제를 극복할 수 있는 설계와 운영을 함으로써 프로젝트를 성공으로 이끌고 기업 혁신의 기초를 만들 수 있습니다.

그럼 워크숍에서 집단 지성을 만들어내려면 어떻게 해야 할까요? 여러분이 퍼실리테이터로서 참가자를 리드하는 입장이라고 상상해 보십시오.

먼저 '수직적·수평적인 벽을 제거하고, 모든 사람이 같은 커뮤니케이션을 공유한다'가 있습니다. 평소 사장 앞에서 의견을 말할 기회가 거의 없으리라 생각합니다. 하지만 워크숍 안에서만큼은 말하고 싶은 것을 말해도 좋습니다. 모든 사람에게 발언의 기회를 평등하게 부여하고 말하고 싶은 것을 허용합니다.

다음으로 '상대의 의견을 부정하지 않는다'가 있습니다. 회의 등에서 부정적인 의견만 입에 담는 사람들이 보입니다. 하지만 그런 사람은 자신의 의견은 전혀 갖고 있지 않기도 합니다. 아이디어의 바구니가 있다면 '가능성의 씨앗'은 항상 빨려 들어가고 쌓이지 않는 상태가 됩니다. 그런 경우에는 다소 불편하더라도 신경 쓰지 말고 가능한 많은 의견을 제시한 뒤 취사 선택하는 것이 좋습니다. 상대에게 지지를 받는 것으로 심리적 안정성이 늘어나고 조리 있는 의견도 쉽게 생길 수 있습니다.

마지막으로 '당사자 사이의 용어를 남긴다'가 있습니다. 목적을 수립하거나 미션ㆍ비전ㆍ가치를 정의할 때 카피라이터나 디자이너를 포함시켜 용어를 정돈할 수 있지만, 그것이 반드시 좋은 결과로 이어지지는 않습니다. 어떠한 기준이 되는 용어 등은 직원이나 이해관계자에게 당사자라는 의식을 갖게 하기 위해서라도, 사용하는 용어들을 그대로 남김으로써 일체감을 증대시킬 수 있을 것입니다.

이런 기법을 사용하면서 기업을 지원하다 보면 멋진 피드백을 받을 기회가 있습니다.

'현장 직원들이 정말로 두근두근했다'
'이런 것에 관해 이제까지 이야기할 수 없었다'
'무엇이든 말해보는 것이 시작이라고 생각하게 됐다'

이런 피드백을 받으면 우리가 기업을 좋은 방향으로 바꾸고 있다고 느낍니다. 그것은 커뮤니케이션에 신뢰 관계가 생겼다는 증거이며, 달리 개입하지 않아도 자연스럽게 논의가 진행되어 팀이 스스로 과제를 발견하고 해결할 수 있는(즉, 아이디어가 스스로 운영되는) 상태가 되었다고 할 수 있기 때문입니다.

돌아보면 집단 지성을 만들 수 있게 된 팀에는 '긍정'과 '친절함'이 갖춰졌다고 느끼기도 합니다. 여러분의 일터에도 안심하고 자유로운 커뮤니케이션을 할 수 있는 '긍정'과 '친절함'을 심어보고 싶지 않으십니까?

제1장 확인 리스트

목표로 삼아야 할 고객 경험 설계를 위한 확인 항목	확인	참조 항목
DX나 데이터 활용의 목적이 명확하게 정의되어 있다	✓ →	1.1
HOW · WHAT뿐만 아니라 WHY에 대해 대답할 수 있는 공통 인식을 프로젝트 관계자 사이에서 갖고 있다	✓ →	1.1
DX나 데이터 활용의 목적이 되는 Purpose에 관해 이해하고 있다	✓ →	1.2
포어캐스팅 · 백캐스팅 접근 방식을 구분해서 사용하고, 기업의 장기적인 전략과 단기적인 전략의 차이를 이해하고 있다	✓ →	1.2
고객 과제를 파악하기 위한 정량 분석 · 정성 분석에 관해 이해하고 있다	✓ →	1.3
표면적인 과제를 해결하고자 하는 것이 새로운 과제를 낳을 수 있는 리스크에 관해 이해하고 있다	✓ →	1.3
고객 경험의 개선을 위해 무엇을 실행하고, 무엇을 실행하지 않는가라는 기준이 정리돼 있다	✓ →	1.4
본질적으로 해결해야만 하는 고객의 과제가 설정되어 있다	✓ →	1.4
구체적으로 어떤 고객 경험을 제공하는가, 즉, 어떤 가치를 제공하는가가 결정되어 있다	✓ →	1.4
프로토타이핑 및 그 검증을 수행하기 위한 기준이 정비되어 있다	✓ →	1.4
고객 경험을 실현하기 위한 직원 경험에 대해서도 검토되어 있다	✓ →	1.5

제 2 장

고객 경험 가치 향상을 위한
고객 데이터 통합과 분석

2.1 고객 데이터 통합이 필요한 배경

고객 경험 가치 향상에 데이터가 필요한가

2장에서는 데이터를 활용해 고객 경험 가치를 향상시키기 위해 어떤 구체적인 단계와 유의점이 있는지에 관해 소개합니다.

기업이 자사의 고객 경험 가치를 향상시키기 위해 데이터가 반드시 필요할까요? 인터넷이 보급되기 전에는 현재와 같은 빅 데이터가 존재하지 않았습니다. 하지만 기업은 고객에게 보다 좋은 서비스를 제공하기 위해 노력해 왔습니다.

그 예로 백화점의 외부 판매를 들 수 있습니다. 영업 담당자가 각 고객의 요청에 맞춰 상품·서비스를 준비하는 것은 물론, 직접 고객의 집으로 찾아가 세상 사는 이야기를 나누며 고객의 니즈를 파악하고, 신뢰 관계를 쌓았습니다. '유치원에 다니는 손자가 내년에 초등학교에 입학한다. 책가방과 책상을 선물해 주고 싶다'와 같이 고객이 구매 검토를 시작하기도 전에 제안을 할 수 있었습니다.

하지만 오늘날은 그런 유형의 비즈니스를 실행하기 쉽지 않습니다. 인터넷이 보급되면서 고객 접점은 대면뿐만 아니라 EC 사이트, 애플리케이션, SNS, 결제 서비스 등 다양해졌습니다. 기존보다 많은 채널을 통해 고객을 만날 수 있게 됐지만 기업 입장에서는 개별 고객의 취미, 기호, 라이프스타일을 파악하기가 더 어려워졌습니다(그림 2.1.1).

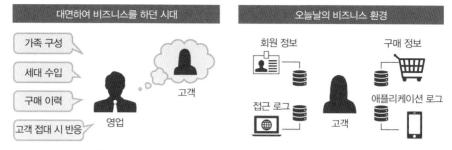

대면하여 비즈니스를 하던 시대	오늘날의 비즈니스 환경

가족 구성
세대 수입
구매 이력
고객 접대 시 반응
영업
고객

회원 정보
구매 정보
접근 로그
애플리케이션 로그
고객

고객 니즈를 이해하기 위해 필요한 정보가
통합돼 있으므로 최적의 서비스 제공 가능

고객에 관한 정보 등이 개별적으로 저장되어 있어
필요한 정보가 단절되어 있기 때문에
최적의 서비스 제공이 어려움

▶ 그림 2.1.1 시대 변화에 따른 고객 정보의 차이

이런 상황에서 고객 경험 가치 향상을 위해 그 중요성이 더욱 높아지고 있는 것이 바로 데이터입니다.

데이터는 '고객의 목소리'

고객 경험 가치 향상을 위해 기업은 가장 먼저 자사의 고객에 관해 이해해야 합니다. 타깃 고객의 이미지가 모호한 상태에서는 고객이 정말로 원하는 것을 이해할 수 없고, 당연히 어떤 서비스를 전개해야 할지 결정할 수도 없습니다. 수만 명의 고객들과 직접 소통하는 것은 현실적이지 않습니다. 그러나 다양한 고객 접점으로부터 얻은 데이터를 기반으로 표면적·잠재적인 고객의 목소리를 알 수 있습니다. EC 사이트에서의 열람 이력과 구매 정보를 통해 기호, 가족 구성, 라이프스타일의 변화를 볼 수 있을지 모릅니다. 애플리케이션 사용 이력으로부터 직업, 생활 리듬, 취미 변화를 파악할 수도 있습니다.

물론 데이터로부터 고객의 모든 정보를 파악할 수는 없습니다. 하지만 고객 데이터를 연결함으로써 개별 고객에 대한 이해를 높일 수 있습니다(그림 2.1.2). 데이터를 통해 고객에 대한 이해를 높이는 것, 그것이 바로 고객 경험 가치 향상의 원점입니다.

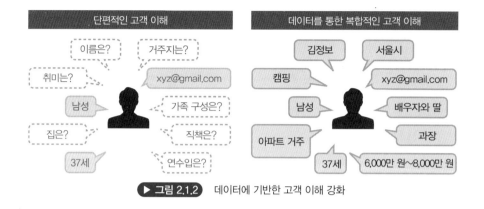

▶ 그림 2.1.2 데이터에 기반한 고객 이해 강화

물건 만들기에서 경험 만들기의 시대로

제조업을 중심으로 한 일본의 산업은 철저한 개선(Kaizen, 카이젠) 활동을 통해 상품의 품질을 추구했으며, 해외로부터 높은 품질을 갖고 있다는 평가를 받아왔습니다. 하지만 기존의 성장 시장이 성숙해지고 상품의 지배적인 디자인(Dominent Design)이 정립됨에 따라 상품 자체에 의한 차별화는 어려워졌습니다.

과거에는 TV, PC도 브랜드에 따라 형태나 기능에 차이가 있었지만 이제는 그 형태만으로 브랜드를 구분하기 어렵습니다. 일반 사용자용 모델의 경우에는 기능 차이도 거의 사라졌습니다. 같은 품질의 상품을 해외에서 보다 저렴하게 제조할 수 있다면 우리가 더할 수 있는 부가가치는 무엇일까요?

고품질의 상품을 고객에게 제공하는 것의 중요성은 이후에도 바뀌지 않을 것입니다. 하지만 다른 기업과의 차별화를 목표로 독자적인 부가가치를 높이기 위해서는 고객과의 접점을 강화하고, 고객 경험 가치를 향상시키는 것이 요구됩니다.

제조업이나 의류 업계에서 사용하는 스마일 커브(Smile Curve)라는 용어가 있습니다 (그림 2.1.3). 밸류체인(Value Chain, 가치 사슬)의 상류와 하류는 높은 부가가치를 만들 수 있는 영역입니다. 기획이나 서비스와 같은 경험 만들기의 영역에서 데이터를 활용함으로써 고객의 근본적인 문제를 해결하거나, 고객의 생활을 크게 바꾸는 등의 가치를 전달할 수 있을 것입니다.

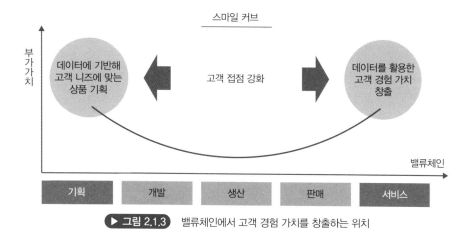

스마일 커브

부가가치

데이터에 기반해
고객 니즈에 맞는
상품 기획

고객 접점 강화

데이터를 활용한
고객 경험 가치
창출

밸류체인

| 기획 | 개발 | 생산 | 판매 | 서비스 |

▶ 그림 2.1.3   밸류체인에서 고객 경험 가치를 창출하는 위치

불가역적인 사회의 디지털화

COVID-19 팬데믹은 전 세계 디지털화를 가속화했습니다. 비대면·비접촉화, 이커머스 확대, 캐시리스 결제 보급, 원격 회의 일반화 등은 여러분에게도 익숙할 것입니다.

이 상황에 맞춰 기업들은 디지털을 활용해 고객과의 커뮤니케이션에 노력하고 있습니다. D2C(Direct to Consumer)라 불리는, 직접 채널을 활용한 커뮤니케이션에 노력을 기울이고 있습니다. SNS를 통한 커뮤니케이션 채널을 활용하거나 자사의 독자적인 애플리케이션을 출시하는 등 CRM(Customer Relationship Management, 고객 관계 관리)을 강화해 왔습니다. 얼마 전까지만 해도 지갑 안에 다양한 포인트 카드나 쿠폰 등을 넣고 다녔지만 이제는 각 기업이 제공하는 애플리케이션이 이들을 대체했고, 쿠폰이나 캠페인 또한 엽서 같은 종이 매체가 아니라 애플리케이션을 통해 제공되고 있습니다(그림 2.1.4).

애플리케이션이 기존 기능을 대체

데이터로
축적

● 포인트 카드
● 티켓
● 영수증 등

▶ 그림 2.1.4 기존 기능을 디지털로 대체

이런 기술 진화와 함께 기업이 수집할 수 있는 고객 관련 데이터의 양은 매년 크게 증가하고 있습니다. 하지만 도구나 시스템의 수 또한 증가함에 따라 기업이 관리해야 할 부문이 여러 부문에 걸치게 돼 데이터의 사일로화도 진행되고 있습니다. 기업 전체적으로는 고객에 관한 다양한 데이터를 갖고 있지만, 각 부문 사이에 정보가 연계되지 않아 데이터 활용에 진전이 없는 경우를 자주 볼 수 있습니다.

이 문제를 해결하기 위해서는 사일로화된 고객 데이터를 한데 모으는 고객 데이터 플랫폼을 반드시 도입해야 합니다. 고객 단위로 데이터를 통합함으로써 고객 경험을 개선하는 노력에 활용할 수 있습니다(그림 2.1.5).

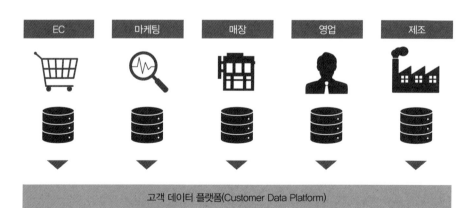

| EC | 마케팅 | 매장 | 영업 | 제조 |

고객 데이터 플랫폼(Customer Data Platform)

▶ 그림 2.1.5 사일로화된 데이터와 고객 데이터 플랫폼

안이하게 다른 기업이 가진 데이터를 모색하는 경향

이런 고객 데이터를 활용해야 한다는 필요성, 고객 데이터 플랫폼 도입의 필요성을 많은 기업이 이해하고 있습니다. 하지만 데이터 활용을 추진하는 기업은 항상 '자사가 가진 고객 데이터만으로는 고객에 대해 충분하게 이해할 수 없는 것은 아닌가?'라는 의문을 갖습니다. 확실히 자사가 가진 고객 접점을 통해서는 일반적으로 '소비자가 해당 기업에 흥미나 관심을 가진 이후의 데이터'만 얻을 수 있으므로 그렇게 느끼기 쉬울 것입니다.

예를 들면 보험 회사에서 실제로 접근하고 싶은 잠재 고객은 결혼 혹은 출산 등 인생의 이벤트를 맞이하는 소비자입니다. 보험 회사는 다른 기업보다 빠르게 이런 인생단계에서의 변화를 미리 알고 접근하고자 할 것입니다. 하지만 보험 회사의 자료 청구가 이루어지는 시점부터 접근하는 것은 이미 그 시점이 보험 대리점에 상담한 이후, 즉 다른 보험 기업의 상품과 비교를 하고 있는 단계일 것이라 예상할 수 있습니다(그림 2.1.6).

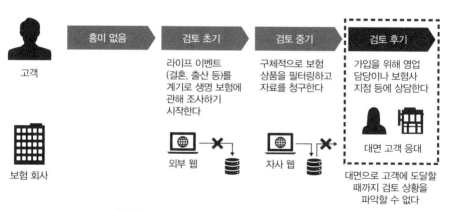

▶ **그림 2.1.6** 잠재 고객의 배후를 파악하지 못한 예

이런 상황을 감안해서 소위 외부 데이터(타 기업이 가진 데이터)를 활용해 인생 단계의 변화 정보를 파악하고자 생각하는 경우가 많습니다. 그런 경우 우리(인큐데이터)는 외부 데이터를 활용하기 전에 우선적으로 자사 데이터를 통합하고 활용할 것을 권장합니다. 0장에서도 소개한 것처럼 개인 정보 사용에 관한 소비자의 의식이 높아지면

서 외부 데이터 사용이 해마다 어려워지고 있는 점을 그 이유로 들 수 있습니다. 또한 대부분의 기업에서는 자사가 가진 고객 데이터를 충분하게 통합·분석하지 못하고, 자사 고객에 관해 충분하게 이해하지 못한, 즉 자사 데이터의 가치를 최대한으로 끌어내지 못하고 있는 경우가 매우 많기도 합니다.

기업이 가진 자사 데이터 활용의 가능성

보험 회사의 예에서는 애초에 기존 계약자의 고객 데이터와 자료를 청구한 잠재 고객 데이터가 통합되어 있지 않아, 자료를 청구한 고객 중 '어떤 고객에게, 어떻게 접근할 것인가?'에 관해 충분하게 분석하지 못한 경우를 많이 볼 수 있습니다.

같은 보험 상품을 추천하려 해도 상품의 특징을 어필하는 것뿐만 아니라 자료를 청구하기에 이르기까지 자사의 콘텐츠를 열람한 경로를 분석해, 기존 계약자의 경향과 비교함으로써 소구(遡求)할 포인트를 명확하게 할 수 있습니다. 그 밖에도 SNS 등의 도구를 활용한 고객과 보험 판매자와의 접점, 건강 애플리케이션 등 보험 상품 구입에 도달하기 전에 다양한 고객 접점이 만들어질 것입니다. 따라서 외부 데이터에 의존하기 전에 이러한 자체 데이터들을 충분하게 활용하는 것을 권장합니다(그림 2.1.7).

기업이 가진 고객 접점은 다양해지고 있는 한편 그 데이터들은 통합돼 있지 않아 충분하게 활용할 수 없는 경우가 대부분입니다. 고객 데이터 활용은 지속적으로 고객과의 접점을 개선해 가는 노력이며, 고객 데이터는 기업에게 자산 자체라고 생각할 수 있습니다.

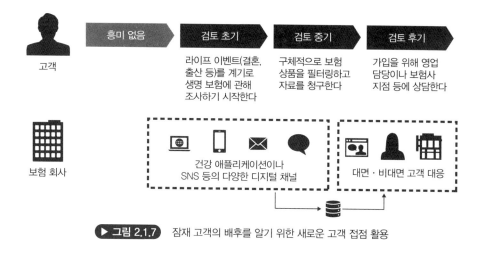

고객	흥미 없음	검토 초기	검토 중기	검토 후기
		라이프 이벤트(결혼, 출산 등)를 계기로 생명 보험에 관해 조사하기 시작한다	구체적으로 보험 상품을 필터링하고 자료를 청구한다	가입을 위해 영업 담당이나 보험사 지점 등에 상담한다

보험 회사

건강 애플리케이션이나 SNS 등의 다양한 디지털 채널

대면 · 비대면 고객 대응

▶ **그림 2.1.7** 잠재 고객의 배후를 알기 위한 새로운 고객 접점 활용

이 책에서 다루는 '데이터 플랫폼'의 위치

고객 경험 가치의 향상을 목적으로 할 때 앞서 설명했듯 고객 데이터를 통합하는 것이 중요합니다. 그래서 이번 장에서는 고객 데이터를 통합하고 활용하기 위한 고객 데이터 플랫폼 구축 방법에 관해 설명합니다.

일상에서 사회가 만들어 내는 데이터양은 막대합니다. 예를 들면 사물 인터넷(IoT) 기기에서 얻어지는 데이터는 기기의 이상 감지나 상품 개선에 도움이 될 수 있습니다. 단, 이 책에서 다루는 데이터는 고객 경험을 개선시키는 것을 그 목적으로 하므로 '고객'을 중심으로 한 데이터 플랫폼 구축에 관해서만 소개합니다(그림 2.1.8).

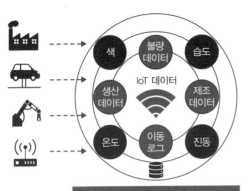

상품 기점	고객 기점
● 수율 향상 ● 이상 발생 사전 검지 ● 인적 의존 탈피	● 고객 니즈 이해 ● 개인화(personalization) ● 참여(engagement) 향상

▶ 그림 2.1.8 상품 관점이 아닌 고객 관점에서 데이터를 얻기

2.2 고객 데이터 플랫폼이란

데이터 분석을 위해 필요한 데이터 플랫폼이란

고객 데이터뿐만 아니라 데이터 분석을 위해 필요한 것이 데이터 플랫폼입니다. 데이터 플랫폼의 역할은 크게 '데이터를 수집해서 축적한다', '축적한 데이터를 가공한다', '가공한 데이터를 추출해서 집계한다'는 세 가지 영역으로 나눌 수 있습니다(그림 2.2.1).

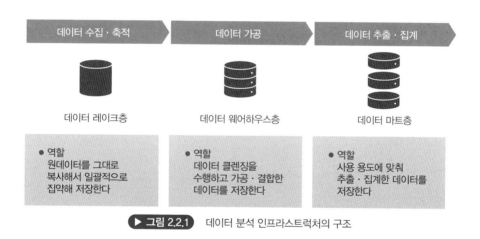

▶ 그림 2.2.1　데이터 분석 인프라스트럭처의 구조

◉ 데이터 수집 · 축적

데이터 플랫폼에서 우선 필요한 기능은 데이터를 수집하고 축적하는 기능입니다. 일반적으로는 각종 데이터베이스나 업무 시스템 등으로부터 필요한 데이터를 데이터 레이크(Data Lake)라 불리는 영역으로 꺼냅니다(그림 2.2.2). 이때 주의할 점이 있습니다. 바로 무턱대고 아무 데이터나 데이터 레이크 영역에 우선 넣어 두면 좋다는 사고 방식입니다.

데이터 레이크는 같은 장소에 다양한 데이터가 저장돼 있어, 그곳에 가면 필요한 데이터를 꺼낼 수 있다는 개념을 제공합니다. 확실히 스토리지를 저렴하게 구입할 수 있고, 분석에 필요한 데이터가 데이터 레이크에 저장돼 있으면 이후의 활용에서도 편하게 사용할 수 있으므로 데이터를 너무 엄밀하게 선택할 필요는 없습니다. 단, 불필요한 데이터를 대량으로 저장하면 실제로 필요한 데이터와 뒤섞이거나, 데이터 유출의 위험이 높아질 우려가 있습니다. 이렇게 데이터 레이크가 뒤죽박죽이 되지 않도록 주의해야 합니다.

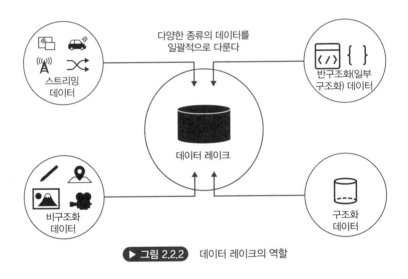

▶ 그림 2.2.2 데이터 레이크의 역할

⊙ 데이터 가공 · 보관

다음으로 데이터 레이크로 가져온 데이터를 가공합니다. 모든 데이터가 깔끔하게 정리돼 있는 것은 아닙니다. 같은 의미를 가진 데이터라도 데이터를 가져온 소스 시스템이 무엇인지에 따라 데이터 항목 이름이 다르거나, 형식을 다듬어야 할 때가 많습니다. 그 밖에도 결손된 데이터를 메꾸거나, 부정확한 데이터를 삭제하는 등의 처리도 필요합니다. 이런 처리는 데이터 클렌징(Data Cleansing)이라 부릅니다.

이렇게 분석하기 쉽도록 형태를 정리한 데이터를 데이터 웨어하우스(Data Warehouse) 라 불리는 영역에 저장합니다(그림 2.2.3).

다양한 위치에 저장돼   형식 통일, 결손 데이터   분석을 위해
있는 각종 데이터   보완, ID나 이름을   가공된 데이터
                  사용해 통합

▶ **그림 2.2.3** 데이터 클렌징 후의 데이터를 데이터 웨어하우스에 저장

◉ 데이터 추출 · 집계

마지막으로 데이터를 활용하기 쉬운 형태로 용도별로 추출 · 집계합니다. 데이터가 깔끔하게 가공돼 있더라도 대량의 데이터를 매번 집계하는 것은 집계에 필요한 처리 시간이 길어지고, 그 계산을 위해 많은 컴퓨팅 리소스를 소비하게 됩니다.

그래서 대상이 되는 데이터를 필터링하거나 일정하게 집계한 데이터를 데이터 마트 (Data Mart)라 불리는 논리적인 영역에 저장한 뒤 그 데이터를 참조해서 사용합니다 (그림 2.2.4).

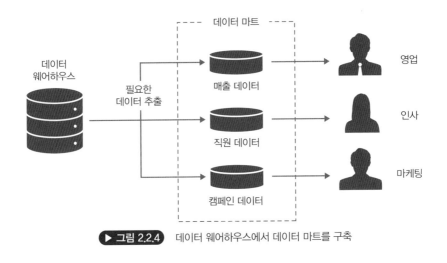

▶ 그림 2.2.4 데이터 웨어하우스에서 데이터 마트를 구축

고객 데이터 플랫폼 개요

고객 데이터 플랫폼(CDP, Customer Data Platform)의 구조는 일반적인 데이터 플랫폼과 같습니다. 단, 고객 데이터 플랫폼의 경우 데이터 구조는 매우 간단하고 데이터가 모두 '고객'을 중심에 두고 통합됩니다(그림 2.2.5).

고객에 관한 데이터는 자사가 가진 계약, 구매 이력, 회원 등록 정보, 애플리케이션 사용 로그, 웹 열림 이력 등 다양한 데이터가 존재합니다(그림 2.2.6). 고객 데이터 플랫폼 안에서는 먼저 이 데이터들을 하나의 의미로 연결하고, 관련된 정보를 고객별로 부여하는 처리를 합니다. 그리고 최종적으로 각 고객의 통합된 데이터로부터 읽을 수 있는 고객의 속성과 취미·기호·행동 패턴을 이해하고 고객 경험 가치를 향상시키기 위한 이니셔티브로 활용하게 됩니다.

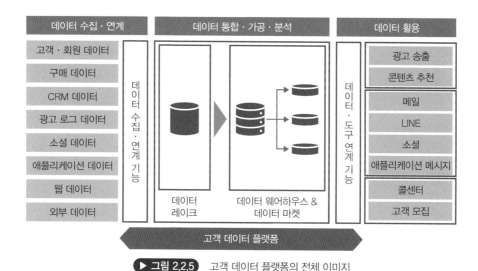

▶ 그림 2.2.5 고객 데이터 플랫폼의 전체 이미지

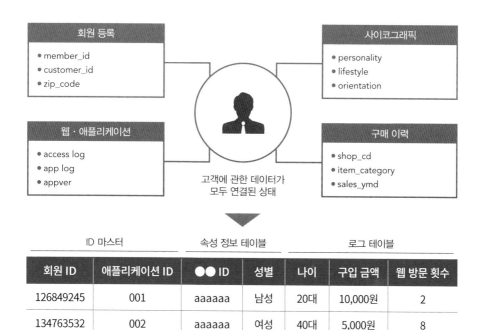

고객에 관한 데이터가
모두 연결된 상태

ID 마스터		속성 정보 테이블			로그 테이블	
회원 ID	애플리케이션 ID	●● ID	성별	나이	구입 금액	웹 방문 횟수
126849245	001	aaaaaa	남성	20대	10,000원	2
134763532	002	aaaaaa	여성	40대	5,000원	8

▶ 그림 2.2.6 고객 데이터 플랫폼 안의 고객별 데이터

기존 시스템과 고객 데이터 플랫폼의 위치

기업 안의 시스템은 채널별, 서비스별로 독립돼 있으며 각 시스템이 고객 정보를 보관하고 있습니다. 그렇기 때문에 더욱 '다양한 시스템에 존재하는 고객 데이터를 통합하는' 노력을 함에 있어 대규모 시스템을 개발해야 한다고 생각하는 분들도 있을 것입니다. 특히 수·발주나 계약 관리 등 미션 크리티컬(mission critical)한 기간 계열 시스템은 각 기업이 독자적으로 견고한 시스템을 갖추고 있기 때문에, 그 시스템들이 가진 고객 데이터를 모두 통폐합하는 것을 생각한다면 그러한 인식이 올바를 것입니다.

하지만 실제로는 여러 곳에 걸쳐 있는 시스템이 각각 고객 데이터를 저장하고 있기 때문에 오히려 독립된 고객 데이터 플랫폼이 필요합니다. 고객 데이터 플랫폼은 어디까지나 기존 시스템의 외부에 위치하며(그림 2.2.7), 기존 시스템에 영향을 주지 않으므로 도입 장벽이 낮고 리스크를 억제하면서 도입할 수 있습니다.

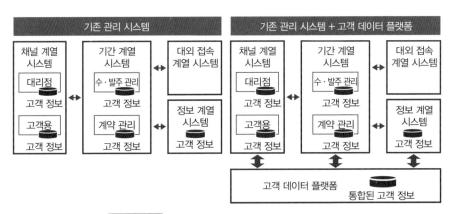

▶ 그림 2.2.7 기존 시스템과 고객 데이터 플랫폼의 위치

고객 데이터 플랫폼 구축 방법(IaaS vs. SaaS)

고객 데이터 플랫폼을 구축할 때는 일반적으로 클라우드 서비스를 사용합니다. 클라우드 서비스를 사용해 데이터 플랫폼을 구축하는 방법은 크게 IaaS(Infrastructure as a

Service)를 사용하는 방법과 SaaS(Software as a Service)를 사용하는 방법 두 가지로 나눌 수 있습니다(그림 2.2.8).

SaaS 고객 데이터 플랫폼은 고객 데이터 플랫폼으로써 필요한 기능을 망라적으로 제공하는 서비스입니다. 한편 IaaS라 불리는 시스템 플랫폼 인프라스트럭처를 활용할 때는 필요한 모듈을 선정하고 아키텍처를 설계해야 합니다.

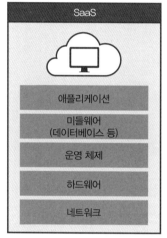

▶ 그림 2.2.8 IaaS와 SaaS의 차이

IaaS와 SaaS를 비교하면 비용 측면과 운용·유지 보수 측면에서 차이가 있습니다. SaaS 서비스는 기본적으로 서비스 제공처인 벤더(vendor)가 시스템의 정기적인 업데이트를 수행합니다. 특히 고객 데이터 플랫폼은 다양한 시스템과 API(Application Programming Interface) 등을 활용해 연계하고, 지속적으로 데이터를 활용해야 하기 때문에 연계 대상이 되는 시스템이 늘어날수록 시스템 사이의 인터페이스 유지 부담이 커집니다. SaaS의 고객 데이터 플랫폼이라면 도입하는 기업이 데이터 연계 대상의 사양 변경에 따르는 시스템 수정을 할 필요는 없지만, IaaS 플랫폼으로 구축했다면 자사 안에서 지속적으로 수정을 하는 체제를 고려해야 합니다(그림 2.2.9).

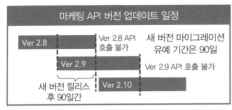

마케팅 API 버전 업데이트 일정

Ver 2.8
Ver 2.8 API 호출 불가
새 버전 마이그레이션 유예 기간은 90일

Ver 2.9
Ver 2.9 API 호출 불가

새 버전 릴리스 후 90일간
Ver 2.10

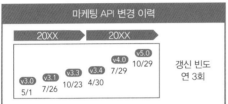

마케팅 API 변경 이력

20XX → 20XX

v5.0 10/29
v4.0 7/29
v3.3 10/23
v3.4 4/30
v3.0 5/1
v3.1 7/26

갱신 빈도 연 3회

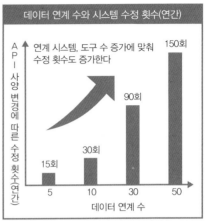

데이터 연계 수와 시스템 수정 횟수(연간)

API 사양 변경에 따른 수정 횟수(연간)

연계 시스템, 도구 수 증가에 맞춰 수정 횟수도 증가한다

150회
90회
30회
15회

데이터 연계 수
5 10 30 50

IaaS로 구축한 경우 외부 API 사양이 변경될 때마다 수정이 발생하므로
자사 안 혹은 외부에 유지보수를 위탁해 수정해야 한다

▶ 그림 2.2.9   연계 대상 시스템의 사양 변경 빈도

IaaS 고객 데이터 플랫폼은 저렴한 비용으로 손쉽게 사용할 수 있기 때문에, 우선 IaaS 기반으로 고객 데이터 플랫폼을 구축하는 경우도 많습니다. 실제로 그것만으로 충분할 때도 있지만 본격적으로 데이터를 활용할수록 연계하는 시스템이 증가하고, 연계 대상 시스템의 사양 변경에 따르는 유지보수나 수정을 위한 부하도 커집니다. 결국 IaaS에서 SaaS로 마이그레이션할 필요가 발생하는 것도 생각할 수 있습니다. 한차례 구축한 데이터 플랫폼을 다른 시스템으로 마이그레이션할 때는 그에 상응하는 비용이 든다는 점을 미리 파악해야 합니다(그림 2.2.10).

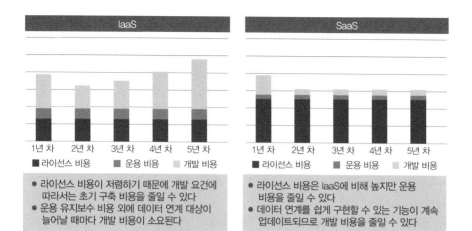

▶ 그림 2.2.10 초기 구축과 운용 유지보수 비용

⊙ 미래의 데이터 활용을 예상한 SaaS 활용 권장

SaaS와 IaaS 중 무엇을 선택하는지는 시스템 인프라스트럭처를 선정할 때 반드시 검토되는 과제입니다. 초기 비용이나 운영 비용은 물론 기능성이나 범용성 등도 고려해 선정하게 됩니다. 많은 기업에서 선정한 결과나 도입 후의 변화 등을 살펴보면 초기에는 IaaS를 사용해 구축하고 활용이 진행됨에 따라 SaaS로 전환하는 접근 방식을 취하는 것보다, 도입 초기에는 기능이나 데이터양을 제한해 SaaS 라이선스 비용을 억제하고, 데이터 활용이 진행되며 시스템 연계 대상이 늘어남에 따라 SaaS의 제한을 해제하는 접근 방식이 권장됩니다.

그리고 데이터 활용 목적이 일부 사업 부문으로 제한되면 SaaS 고객 데이터 플랫폼 도입이 과도한 투자로 간주되는 경우도 있을 것입니다. 그런 오해를 풀어가면서 기업 안에서 의사 결정을 내리기 위해서는 고객 데이터 플랫폼의 목적과 미래의 이미지를 그리면서 그 필요성이나 목적을 명확하게 결정하는 것이 매우 중요합니다.

고객 데이터 플랫폼 아키텍처 예

실제로 SaaS 시스템을 활용한 고객 데이터 플랫폼 아키텍처의 예를 살펴봅시다. 여기에서는 고객 데이터 플랫폼(CDP)으로서 일본 내에서 대표적인 서비스인 Treasure

Data CDP를 활용한 고객 데이터 플랫폼 구축 예를 소개합니다(그림 2.2.11).

데이터를 연계하는 인터페이스는 연결 대상 시스템에 따라 연결 방법이 다릅니다. SaaS CDP에서는 일반적으로 시스템 사이에 쉽게 연계할 수 있도록 커넥터(Connector)라 불리는 기능을 제공합니다. 이 기능을 활용하면 복잡한 데이터 연계 구조를 구축하지 않고도 데이터를 수집할 수 있습니다.

일반적으로 온프레미스(On-premise)라 불리는, 기업이 독자적으로 개발한 기간 계열 시스템에서는 AWS(Amazon Web Services)가 제공하는 S3(Simple Storage Service) 등 스토리지 서비스에 데이터를 배치합니다. 거기에서 CDP가 제공하는 커넥터를 사용해 CDP 안으로 데이터를 꺼냅니다.

이 데이터들은 가공된 후 소위 데이터 웨어하우스 영역에 저장되고, 목적별로 데이터 마트 영역에 저장됩니다.

데이터 마트 안에서는 각종 이니셔티브와 연계하기 위해 필요한 세그멘테이션(Segmentation)이 수행되고 MA(Marketing Automation), BI(Business Intelligent)라 불리는 여러 도구와 연계됩니다. 그리고 각종 이니셔티브를 실행한 결과를 CDP 안에서 꺼내 분석해야 하기 때문에 데이터 활용 대상 도구에서도 데이터를 수집합니다.

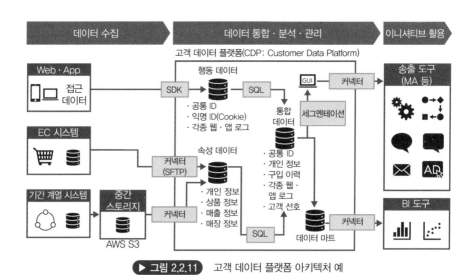

▶ 그림 2.2.11 고객 데이터 플랫폼 아키텍처 예

2.3 고객 데이터 플랫폼 프로젝트의 요체

프로젝트를 시작하기 전에 이해해 둬야 할 것

이번 절에서는 실제로 고객 데이터 플랫폼을 구축할 때 알아 둬야 할 포인트와 논점에 관해 살펴봅니다. '일반적인 시스템 개발과는 다른 접근 방식이 필요한가?', '어디까지의 데이터를 데이터 통합 범위로 해야 하는가?', '사내 관계자와 역할 분담은 어떻게 진행해야 하는가?' 등의 내용입니다.

이 항목들은 프로젝트를 시작한 이후 그 이해가 진행되거나 순차적으로 해소되는 일이 많지만, 사전에 프로젝트 관계자 간에 공통적인 인식을 갖고 있으면 프로젝트 성공으로 이어질 수 있습니다.

고객 데이터를 통합해야 하는 필요성과 그 가치를 인식한 상태에서 고객 데이터 플랫폼을 구축하고 고객 데이터 활용을 추진하는 많은 기업이 있습니다.

한편 기대는 매우 높지만 성과가 나지 않는 프로젝트도 많습니다. 그런 프로젝트를 주의해서 살펴보면 중요한 포인트를 발견할 수 있습니다. 그것은 바로 고객 데이터 플랫폼은 일반적인 정보 계열 시스템과 크게 다르며, 시스템을 한 번 구축하는 것으로 완료되지 않는다는 점입니다.

일반적인 시스템 구축 프로젝트에서는 요구사항 정의, 설계, 구현, 테스트, 마이그레이션 등의 단계를 거치면서 시스템을 사용합니다. 이런 시스템에서는 시스템 컷 오버 전후, 즉, 시스템 구축 단계와 운용·유지보수 단계에 큰 차이가 있습니다. 릴리스 시점에 시스템은 한차례 완성된 것이며, 이후 운용·유지보수 단계에서는 사양 변경이나 추가 개발 등이 릴리스 시점의 시스템을 기반으로 수행됩니다(그림 2.3.1).

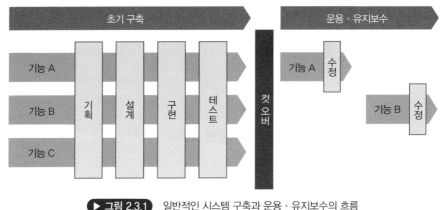

일반적인 시스템 개발

▶ 그림 2.3.1　일반적인 시스템 구축과 운용 · 유지보수의 흐름

고객 데이터 플랫폼도 당연히 시스템 릴리스 등 일정한 단계를 구분할 필요는 있습니다. 그리고 새로운 애플리케이션이 릴리스 됐다, 홈페이지가 리뉴얼 됐다, 콜센터와 분석한 데이터를 연계하고 싶다와 같이 어느 정도 큰 비즈니스 요구사항에 관해서는 당연히 일반적인 시스템과 마찬가지로 추가적인 수정을 하게 됩니다.

고객 데이터 플랫폼에서는 그런 큰 추가 요구사항뿐만 아니라 보다 세세한 단위에서도 수정을 반복합니다. 예를 들면 고객이 매장에 방문했는지 아닌지를 최근 1개월 사이의 데이터만으로 판별하는 처리가 있다고 가정해 봅시다. 실제로 분석을 진행한 결과 가장 일반적인 고객은 매장 방문 빈도가 1년에 6번 정도인 것을 알았기 때문에, 최근 2개월 사이의 매장 방문 유무를 판별하고 싶어졌습니다. 이런 작은 수정은 소요가 발생할 때마다 수정하고 그 분석 결과에 따라 항상 업데이트해야만 합니다.

◉ 데이터 분석 전에 모든 비즈니스 요구사항을 도출할 수는 없다

구축 단계에서 통합된 데이터를 사용해 분석을 수행하기 전에 모든 비즈니스 요구사항을 명확하게 정의하기는 불가능합니다. 실제로 데이터를 다루고, 분석하고, 시행착오를 거친 결과를 통해서만 비즈니스 요구사항이 명확해지기 때문에, 고객 데이터 플랫폼 구축 전에 이를 요구하는 것은 합리적이지 않습니다. 따라서 초기 구축을 할 때 엄밀한 요구사항 정의나 시스템 설계 이상으로 조기에 릴리스와 그 후의 운용 중에 비즈니스 요건을 정의하고, 그 구현을 기민하게 수행하는 체제를 구축하는 것이 고객 데이터 플랫폼에 요구됩니다.

열심히 구축한 고객 데이터 플랫폼을 릴리스한 뒤 수정할 때마다 시스템을 운용 · 유지보수하는 벤더로부터 견적을 받아야 하고, 데이터 항목을 변경하는 것만으로도 몇 주가 걸리는 안타까운 경우가 실제로 적지 않습니다. 이런 시스템은 비즈니스 부문에서는 사용하기 나쁜 시스템, IT 부문에서는 운용 · 유지보수가 번거로운 시스템이므로 모두가 스트레스만 받게 됩니다.

초기 구축 이상으로, 이후의 운영과 활용이 중요한 시스템이라는 인식을 프로젝트 구성원 모두가 인식해야 합니다. 그리고 기민하게 비즈니스 요건에 맞춰 기능을 확장하거나 추가할 수 있는 체제와 개발 프로세스를 구축해야 합니다(그림 2.3.2).

고객 데이터 플랫폼으로 운용 후 업무 요건에 맞게 데이터 소스 및 기능 추가

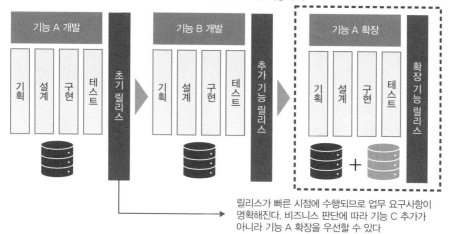

릴리스가 빠른 시점에 수행되므로 업무 요구사항이 명확해진다. 비즈니스 판단에 따라 기능 C 추가가 아니라 기능 A 확장을 우선할 수 있다

▶ **그림 2.3.2** 운용하면서 추가 요구사항을 개발하는 흐름

고객 데이터 플랫폼 구축은 누가 추진해야 하는가

고객 데이터 플랫폼 구축 관련 현장에서는 IT 부문이 그 프로젝트를 추진하는 경우, 오늘날에는 여러 사업부에 걸쳐 DX를 추진하는 부문(DX 추진 부문 등)이 그 추진을 담당하는 경우, 그 외에는 디지털 마케팅 부문이나 영업 기획 부문이 그 추진을 담당하는 경우 등 형태가 다양합니다.

여기에서 전달하고자 하는 핵심은 고객 데이터 플랫폼을 추진해야만 하는 부문이 어느 부문인가라는 점이 중요하지 않다는 것입니다. 단, 각 부문은 기존의 자기 부문의 미션에 연결된 업무를 실행하고 있으며 그에 따른 편향이 있음을 충분하게 이해해야 합니다.

IT 부문이 고객 데이터 플랫폼 구축 프로젝트를 담당하는 경우가 매우 많지만, 앞서 설명한 것처럼 일반적인 정보 계열 시스템과 달리 고객 데이터 플랫폼은 항상 진화해야 하는 시스템임을 충분하게 인식해야 합니다. 특히 사양서나 설계서 등을 확실하게 작성해 두는 것이 중요합니다. 한편, IT 부문으로서 어느 영역까지 엄격하게 유지보수해야 하는지를 예측해 둬야 합니다.

디지털 마케팅 부문이나 영업 기획 부문이 담당하는 경우에는 다양한 채널 데이터를 통합했지만, 그 용도를 자기 부문으로만 한정해서 활용할 때가 있습니다. 다양한 고객 데이터를 통합해 사용하기 때문에 더더욱 향후에는 사업 부문을 가로질러 데이터 활용의 추진 역할을 담당하는 것을 고려해야 합니다. 또는 DX 등을 추진하는 교차 사업 유형의 조직이 이 역할을 이어 받아 전사적으로 전개함으로써, 고객 데이터 플랫폼의 가치를 최대한으로 이끌어낼 수 있을 것입니다.

그리고 무엇보다 이런 고객 데이터에 관해 사업 부문과 IT 부문이 협동해서 프로젝트를 추진하는 체제를 구축하는 것이 매우 중요합니다. 그러기 위해서는 고객 데이터 플랫폼에 대한 올바른 기댓값, 목적, 프로젝트 추진 방법에 대해 프로젝트 시작 전 단계에서 공통적인 인식을 갖도록 노력해야 합니다.

⊙ 데이터 프라이버시 관점도 잊어서는 안 된다

이후에는 기업 내 데이터 활용에 관한 리스크 관리 소관 부문의 적극적인 프로젝트 참여가 필요합니다. 기업의 데이터 활용에 대해 소비자가 생각지 못했던 반응을 보이는, 소위 악플 현상이 많이 존재합니다. 이런 상황은 데이터 프라이버시 전문가가 데이터 활용을 추진하는 사업 부문의 필요를 올바르게 제지하지 못했기 때문에 발생합니다.

고객 데이터 플랫폼을 구축할 때는 고객 데이터를 충분하게 보호·관리할 수 있는 구조 위에서 데이터 플랫폼이 구축됐는지 확인해야 합니다. 이를 위해서도 개인 정보 보호에 관해 잘 알고 있는 데이터 프라이버시 전문가가 프로젝트에 참여하는 것이 바람직합니다(그림 2.3.3).

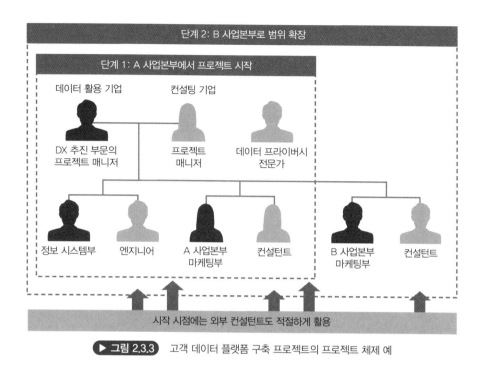

단계 2: B 사업본부로 범위 확장

단계 1: A 사업본부에서 프로젝트 시작

데이터 활용 기업   컨설팅 기업

DX 추진 부문의
프로젝트 매니저   프로젝트
매니저   데이터 프라이버시
전문가

정보 시스템부   엔지니어   A 사업본부
마케팅부   컨설턴트   B 사업본부
마케팅부   컨설턴트

시작 시점에는 외부 컨설턴트도 적절하게 활용

▶ 그림 2.3.3   고객 데이터 플랫폼 구축 프로젝트의 프로젝트 체제 예

IT · 비즈니스 담당 영역을 명확하게 하기

2.2절 앞 부분에서 데이터 플랫폼은 일반적으로 '데이터 레이크', '데이터 웨어하우스', '데이터 마트'로 크게 나뉘며, 고객 데이터 플랫폼에서도 그 구성이 마찬가지임을 설명했습니다. 그리고 IT 부문과 사업 부문에서는 시스템 업데이트 빈도와 기댓값에 큰 차이가 발생하기 쉽다는 점도 설명했습니다. 이런 상황이나 실례를 바탕으로 고객 데이터 플랫폼 영역별로 주관 사업 부문을 나누는 것도 좋습니다(그림 2.3.4).

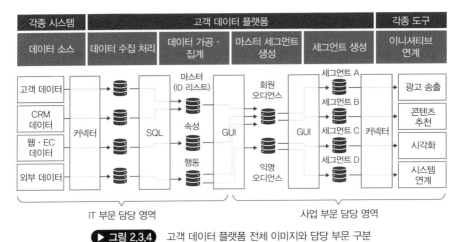

각종 시스템	고객 데이터 플랫폼				각종 도구
데이터 소스	데이터 수집 처리	데이터 가공 · 집계	마스터 세그먼트 생성	세그먼트 생성	이니셔티브 연계

▶ 그림 2.3.4 고객 데이터 플랫폼 전체 이미지와 담당 부문 구분

⊙ 데이터 소스에 가까운 영역 - IT 부문에서 담당

먼저 데이터를 꺼내 데이터 레이크에 저장하는 영역, 데이터 레이크에 보관된 데이터를 가공해 데이터 웨어하우스에 저장하는 영역은 IT 부문에서 담당하는 것이 바람직합니다. 기존의 다양한 시스템과의 연계를 중심으로 데이터를 데이터 레이크로 꺼내야 하기 때문에 기존 시스템을 운용·유지보수하는 부문이나 벤더와의 협의 등이 필요합니다. 그리고 필요한 보안 요구사항을 충족한 데이터 연계 방법을 도입하기 위한 지식도 필요합니다.

그리고 데이터 웨어하우스에 데이터를 가공해 저장하는 영역에서도 데이터 클렌징이나 결합이라 불리는 프로그래밍 스킬이 요구됩니다. 또한 그 처리들을 어느 정도 큰 단위로 묶어서 다른 업무에 영향을 미치지 않는 야간 등에 실행하고, 정기적으로 운용 모니터링을 해야 합니다.

따라서 이 영역은 IT 부문이 담당하는 게 바람직할 것입니다.

⊙ 데이터 활용에 가까운 영역 - 사업 부문에서 담당

한편, 데이터 웨어하우스 영역에서 깔끔하게 정리된 데이터를 업무 요구사항에 맞춰 작은 데이터로 모으고, 각종 도구와 연계하는 일은 데이터를 활용하는 사업 부문이 담당하는 것이 바람직합니다.

이 데이터 마트 영역은 분석한 결과에 따라 데이터 집계 방법이나 데이터 항목을 빈번하게 업데이트해야 합니다. 고도의 프로그래밍 스킬이 없더라도 GUI 기반으로 데이터 추출이나 가공을 어느 정도 수행할 수 있으므로, 사용 방법만 습득하면 자유롭게 데이터 마트를 업데이트해 나갈 수 있습니다.

수집해야 할 데이터에 대한 요구사항 정의

고객 데이터 구축 프로젝트에서는 가장 먼저 꺼내야 할 데이터를 선정해야 합니다. 일반적으로는 먼저 데이터를 활용할 업무 요구사항을 결정하고, 그 요구사항에 필요한 데이터를 고객 데이터 플랫폼에 수집합니다(그림 2.3.5). 이때 기존 시스템이 가진 데이터의 재고 조사 데이터 평가(Data Assessment, 데이터가 활용할 수 있는 상태인지 조사 혹은 평가)를 수행할 때가 있습니다. 여기에도 큰 함정이 있으므로 주의해야 합니다.

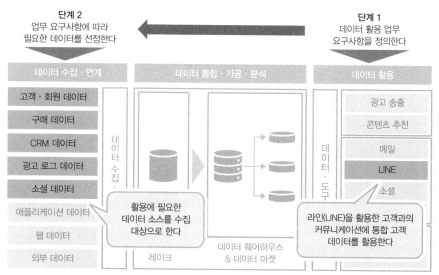

▶ 그림 2.3.5 데이터 활용 요구사항 검토와 수집해야 할 데이터 정의

⊙ 데이터 활용 요구사항으로부터 필요한 데이터를 거꾸로 계산한다

어떤 약국이 SNS를 활용한 커뮤니케이션 이니셔티브를 실행하고 싶어 한다고 가정해 봅니다. 이를 위해 필요한 데이터는 '약국에서의 판매 이력', '약품 정보', '쿠폰 등 판촉 이니셔티브에 대한 반응 유무'라고 가정합니다. 기본적으로 이들에 관련된 데이터를 모두 고객 데이터 플랫폼으로 꺼내는 것을 권장합니다.

'회원 등록 시 입력한 고객 속성 데이터', 'POS 데이터', '약품 마스터', 'SNS 반응 로그'와 같은 데이터는 필수이므로 기본적으로 이런 정보들은 모두 꺼내는 것이 바람직합니다.

⊙ 데이터 평가에 너무 많은 시간을 들이지 않는다

한편, 이런 큰 방향성에 따른 판단에 이르지 못하고, 상당히 시간을 들여 개별 이니셔티브의 유용성과 필요한 데이터 평가를 너무 세심하게 한 결과 프로젝트가 진행되지 않는 경우도 볼 수 있습니다.

예를 들면 회원 등록 완료(계약 완료) 사용자와 기업이 제공하는 SNS 계정에 대한 등록 사용자가 어느 정도 중복돼 있는지의 비율을 명확하게 하지 않으면 이니셔티브의 비용 대비 효과를 예측할 수 없습니다. 그 효과를 실증하기 위해 SNS로부터 웹사이트로 이동해 로그인 완료(=회원 등록 완료) 여부를 판별하기 위한 실증 실험을 수행하게 됩니다. 단, 검증에 필요한 데이터를 축적하기 위해 최소 몇 개월은 필요합니다.

또한 회원 ID를 취득할 수 없을 때는 메일 주소나 홈페이지 자료 청구 번호 등을 활용해 기존 고객 여부를 판별할 수 없는지, 기존 데이터를 긁어 모아서 분석하는 상황도 발생합니다.

뒤에서 설명하겠지만 일반적으로 고객 데이터 플랫폼을 도입할 때 초기 구축 이후 반년 정도 시간이 흐르면 일정 수준의 이니셔티브를 실행할 수 있는 수준의 플랫폼을 구축할 수 있습니다. 하지만 취득할 수 있는 데이터로 어디까지 무엇을 할 수 있는지라는 개념을 검증하고자 한 결과, 검증 자체를 위해 반년 이상의 시간을 허비하는 일도 실제로 자주 발생합니다(그림 2.3.6).

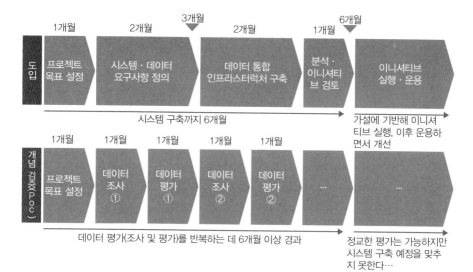

▶ 그림 2.3.6   고객 데이터 플랫폼 구축에 드는 시간

⊙ 큰 틀에서 가져 올 데이터를 결정한다

고객 접점에 관한 데이터를 가능한 한 많이 꺼낼수록 고객을 다양한 측면에서 이해할 수 있습니다. 그리고 상세한 평가에 노력을 투입하는 것보다 빠르게 데이터를 꺼내는 인프라스트럭처를 구축하는 편이 효율적인 경우도 적지 않습니다.

그런 관점에서 기존 시스템으로부터 데이터 도메인 레벨 기준으로 데이터를 선정하고, 데이터 레이크 영역까지는 데이터를 꺼내 두는 것이 바람직하다고 생각할 수 있습니다(그림 2.3.7). 이를 기반으로 해서 데이터 웨어하우스의 영역까지 가공할 필요가 있는지는 초기 활용 영역에 따라 검토하면 충분합니다.

초 단위 혹은 분 단위 등 데이터가 추가되는 빈도, 최근 1년 분인지 과거 10년 분인지 등 데이터 읽기 기간에 주의하면 기본적으로는 데이터 레이크 영역에서의 데이터 용량에 대한 걱정은 필요 없을 것입니다.

거듭 말하지만 고객 데이터 플랫폼 구축에 있어서는 항상 효과 검증을 계속하면서 개선시키는 것을 전제로 구축해야 합니다. 수집할 데이터 요구사항 역시 큰 데이터 덩어리로 꺼내는 것이 프로젝트 성공의 비결이라고 바꿔 말할 수도 있습니다.

활용 영역	카테고리	예상 시나리오	취득 데이터	취득 정책안		
① 마케팅 이니셔티브	판매 촉진	● 세그먼트별 접근 ● 광고 분류 ● 이니셔티브 효율화(비용 구성, CPC 개선) ● 로열티 이니셔티브 ● 사용 채널 분석 ● 속성별 사용 경향	● 애플리케이션 계열 ● 쿠폰 ● 상품 마스터 ● 광고 ● LINE ● 저널 데이터 ● 각종 회원 데이터	① 마케팅 영역에 활용	② 판매 활동 관련 데이터 분석도 포함	③ 재고 관리, 근태 관리 등의 데이터 분석도 포함
	효과 검증					
	고객 분석					
② 판매 활동	상품 분석	● 장바구니(바스켓) 분석 ● ABC 분석	● 상품 마스터			
	매장 분석	● 지역별 매출 경향 분석 ● 상권 분석	● 매장 마스터			
③ 운영	재고 관리	● 수요 분석(재고 회전율) ● 재고 최적화·손실 감소	● 발주 데이터 ● 재고 데이터			
	근태 관리	● 피크 기간 분석 ● 고객 만족도 분석	● 지원·파트 직원 데이터 ● 근태 데이터			

▶ 그림 2.3.7　고객 데이터 플랫폼에 꺼내는 데이터의 범위

데이터 제공처가 되는 여러 사업 부문으로부터 이해를 얻기

수집할 데이터에 대한 큰 틀을 정했다면 각 데이터를 어느 시스템으로부터 연계할 것인지 조사합니다.

고객 데이터 플랫폼을 구축하기 위해선 여러 부문이 가진 데이터를 통합해야 하기 때문에, 반드시 프로젝트 주체가 되는 사업 부문이나 IT 부문이 관리하고 있지 않은 시스템으로부터 데이터를 취득하고 싶을 때가 많습니다. 사업 부문이 독자적으로 SaaS 계열 서비스를 계약하고 있거나, 운용·유지보수를 여러 벤더가 수행하고 있다면 관련된 부문이나 시스템 구성을 파악해야만 할 것입니다(그림 2.3.8).

이때 데이터 취득원인 각 사업 부문의 이해를 얻으면서 진행해야만 합니다. 부문을 가로질러 고객 데이터를 활용하는 것에 대해 데이터 담당 사업 부문에 따라서는 매우 소극적일 수도 있습니다. 각기 다른 상품·서비스를 각 사업 부문에서 제공하는 상황에서 이런 일이 자주 발생합니다.

예를 들면 카 셰어링(Car Sharing)이나 렌터카를 제공하는 사업 부문이 각각 고객 데이터를 보유하고 있을 때 고객들의 데이터를 통합한다고 가정해 봅시다. 이때 어떤 한 사업 부문에서 데이터 공유에 소극적일 경우가 있습니다(특히 사업 기반이 튼튼한

사업부 측일 때가 많습니다). 이것은 서비스를 제공하는 사업 부문에게 있어 데이터 활용에 따른 명확한 리스크가 있는지에 관계없이 막연히 리스크가 있을 것이라 느끼거나, 데이터를 사업 부문을 가로질러 활용하는 필요성을 느끼지 못하거나, 단순히 새로운 시도에 의한 업무 부하를 피하고자 하는 이유가 대부분입니다.

자사가 가진 데이터를 망라적으로 파악하고 있는 경우는 적으며 대부분 사전 조사가 필요하다

① 관리 부문 A
데이터 A
시스템 A 담당자 A
◎ 데이터 내용, 저장되어 있는 시스템, 관리 담당자가 모두 명확하게 밝혀져 있다

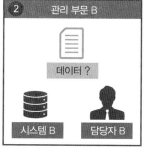
② 관리 부문 B
데이터 ?
시스템 B 담당자 B
✕ 데이터가 있을 것 같은 시스템과 관리 담당자는 명확하지만, 어떤 데이터가 들어 있는지 자세히 알지 못한다

③ 관리 부문 ?
데이터 C
시스템 C 담당자 ?
✕ 데이터 내용과 저장되어 있는 시스템은 명확하지만, 누구에게 어떤 방법으로 데이터를 받을 수 있는지 확실하지 않다

▶ 그림 2.3.8 고객 데이터 플랫폼에 꺼낼 데이터 조사

이때 가장 중요한 것은 데이터 제공에 소극적인 사업 부문에게 명확한 장점을 알려주는 것입니다. 특히 구체적인 유스케이스(Use case)를 여럿 만들고 그 필요성에 관해 이해를 얻는 것이 중요합니다.

고객 데이터 플랫폼 추진은 우선 특정 사업 부문을 기점으로 시작되는 경우가 많은 한편, 데이터의 부가가치를 한층 높이기 위해서는 여러 사업 부문을 참여시켜 동료를 만드는 것이 매우 중요합니다. 특히 수집할 데이터를 조사할 때는 평상시의 업무에서 그 시스템을 사용하는 사업 부문과의 협업은 필수임을 이해해야 합니다.

다양한 고객 데이터를 연결하기 위한 '결합'

고객 데이터 플랫폼이 가진 큰 목적 중 하나는 고객 정보를 고유하게 연결된 상태로 관리하는 것입니다. 이때 '결합'이라 불리는 처리가 필요합니다. 일반적으로 결합이

란 고객 ID 등으로 완전하게 일치하지 않는 고객 정보를 이름(성, 이름 등), 전화번호, 주소 등의 속성 정보를 활용해 같은 고객임을 식별하는 것을 가리킵니다.

수집할 데이터를 결정한 후, 수집하는 데이터베이스별로 고객을 식별할 수 있는 항목이 어떤 것인지 명확하게 해 둬야 합니다(그림 2.3.9). 한 시스템에서 메일 주소를 취득하지만 다른 데이터베이스에는 들어 있지 않거나, 취득율이 매우 낮을 때도 있으므로 그 데이터 취득원이 되는 담당 부문에 확인하는 것이 바람직합니다. 그리고 무슨 수를 써도 정보가 부족할 때는 미래의 데이터 확보를 위해서 추가적인 고객 정보를 취득하는 방법도 검토해야 합니다.

	데이터베이스	거래처	ID	보유한 ID	비고
Web · App	고객 정보	Cloud	고객 ID	–	신용카드 단위
	구매 정보	Cloud	고객 ID	–	–
EC 시스템	구매 정보(EC)	ASP	회원 ID	–	–
	회원 정보	ASP	회원 ID	고객 ID	메일 주소 단위
	웹사이트	Javascript SDK	Cookie	회원 ID	미디어, EC 사이트
기간 시스템	애플리케이션	App SDK	IDFA	회원 ID	
	MA 도구	–	메일 주소	–	
	추천 도구	–	Cookie	–	

▶ 그림 2.3.9 고객 데이터 플랫폼에 꺼낼 데이터의 ID를 정리

◉ 결합에 사용되는 데이터의 특징

메일 주소나 Cookie ID를 결합에 활용할 때는 각 ID의 특성에 관해 충분하게 이해해야 합니다(그림 2.3.10).

메일 주소의 경우 일반적으로 개인이 여러 주소를 사용하거나, 특정 메일 주소 자체를 사용하지 않게 되거나, 회원 등록할 때만 사용하고 평소에는 전혀 사용하지 않기도 합니다. Cookie ID의 경우 브라우저에 따라 유지할 수 있는 기간이 다르므로 엄밀하게는 본인을 식별하는 것이 어렵습니다.

이런 형태로 ID가 어느 정도 본인을 올바르게 식별할 수 있는가, 또는 그 기간은 어느 정도인가, 그 정확함을 어떻게 확인할 수 있는가 등을 올바르게 이해해 둬야 합니다.

▶ 그림 2.3.10 데이터 항목의 정확함을 바탕으로 결합 키를 정리

데이터 활용과 함께 필요한 데이터 프라이버시 관리

앞서 고객 데이터 플랫폼에서 관리하는 고객 정보를 통합하기 위한 결합에 관해 설명했습니다. 자사가 가진 다양한 고객 접점으로부터 얻은 고객 정보를 연결함으로써 한 사람의 고객 데이터에 여러 채널로부터 얻어진 데이터를 연결할 수 있게 됩니다. 이렇게 결합한 데이터를 모두 같은 기준에 따라 활용하는 것은 바람직하지 않습니다.

개인 데이터를 기업이 활용하기 위해서는 취득한 개인 정보의 사용 목적을 각 기업의 개인 정보 보호 정책 등에 반영시켜, 데이터 사용에 관해 본인에게 적절하게 알리고 공표해야 합니다. 동시에 데이터를 활용할 때 본래의 목적에서 벗어난 범위에서 데이터가 사용되지 않도록 관리해야 합니다.

이 책에서는 개인 정보 보호법에 관해 자세히 설명하지는 않지만 데이터 사용 목적에 관한 부분을 간단하게 다룹니다. '개인 정보를 취득했을 때는 사전에 그 사용 목적을 공표하고 있는 경우를 제외하고, 그 사용 목적을 가능한 일찍 본인에게 알리거나 혹은 공표해야 한다'고 되어 있으며 '개인 정보 취급 사업자는 사전에 본인의 동의를 얻지 않고, (중략) 사용 목적 달성에 필요한 범위를 넘어 개인 정보를 다뤄서는 안 된다'라고 되어 있습니다. 바꾸어 말하면 본인에게 제시한 사용 목적으로부터 벗어난 형태로 데이터를 활용하는 것은 원칙적으로 불가능합니다.

각 서비스에 국한해 데이터를 활용하는 경우, 예를 들면 홈페이지나 애플리케이션에서 각각 엑세스 로그를 취득하고 보다 회유하기 쉽도록 그 데이터를 활용해 각 UI를 개선하게 됩니다. 그러기 위해서는 각 서비스 개선을 위해 데이터를 사용한다는 사용 목적으로 결정해 둬야 합니다(그림 2.3.11).

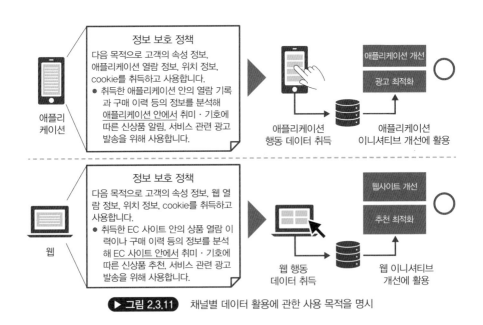

▶ 그림 2.3.11 채널별 데이터 활용에 관한 사용 목적을 명시

⊙ 채널을 가로지르는 데이터 활용에 관한 사용 목적 제시

하지만 지금까지 설명한 것처럼 기업과 고객의 접점은 하나가 아닙니다. 웹 페이지만 하더라도 여러 브랜드나 도메인으로 나눠져 있거나, EC 사이트를 운영하고 있거

나, 애플리케이션이나 매장과 같이 여러 채널을 전개하고 있으며, 채널별로 데이터 활용 목적도 당연히 다릅니다. 통합된 고객 데이터를 가진 고객 데이터 플랫폼을 사용해 채널을 가로지른 고객 분석을 수행하고, 이니셔티브를 전개하게 되면 어떤 일이 발생할까요?

예를 들면 애플리케이션 안의 행동 로그와 EC 사이트 안의 행동 로그를 함께 분석해 광고 최적화에 활용하고 싶다면 채널을 가로질러 개인 정보를 사용할 때의 사용 목적을 명시해야 합니다. 만약 애플리케이션에서는 '애플리케이션 안에서의' 데이터 활용에 관해서만 언급했지만 애플리케이션에서 취득한 데이터를 홈페이지에서 활용하는 것에 관해 언급하지 않았다면 어떨까요? 그랬다면 홈페이지에서 애플리케이션 조작 로그나 광고 접속 이력을 활용한 이니셔티브를 수행해서는 안 됩니다.

고객 데이터 플랫폼에서 통합된 고객 데이터를 채널을 가로질러 활용할 경우에는 이렇게 채널별로 어떤 사용 목적을 제시하고 있는지, 어떻게 데이터를 활용해야 좋은지 개인 단위로 관리해야만 합니다(그림 2.3.12).

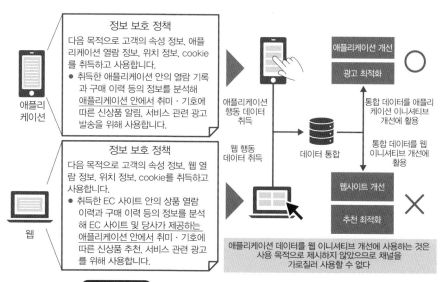

▶ **그림 2.3.12** 채널을 가로지르는 데이터 활용에 관한 동의 취득

고객 데이터 플랫폼을 통한 사용 목적 관리

고객 데이터 플랫폼에서 사용 목적을 관리해야 하는 이유에 관해 생각해 봅시다.

예를 들면 어떤 제조사의 회원 사이트, 애플리케이션을 운용할 때 '회원 사이트 및 애플리케이션에서의 로그를 교차 분석해 고객에게 최적의 상품·서비스를 소개하기 위해', '회원 사이트에 등록한 고객 정보(나이, 주소 등)로부터 고객에게 최적의 상품·서비스를 소개하기 위해' 채널을 가로질러 데이터를 활용하고 싶다고 가정해 봅시다. 회원 사이트의 데이터와 애플리케이션 데이터는 결합돼 고객 데이터 플랫폼에서 고유하게 연결되어 있으므로 시스템상으로는 데이터를 활용할 수 있습니다.

이 데이터들을 활용하려면 회원 사이트와 애플리케이션 모두에서 채널을 가로지르는 데이터 활용에 관한 사용 목적을 개인 정보 보호 정책 등으로 제시해야 합니다. 하지만 회원 사이트의 개인 정보 보호 정책 등에 애플리케이션에서의 데이터 사용에 관한 사용 목적이 제시돼 있지 않다면 고객 데이터 활용을 제한해야만 합니다.

고객에게 제시한 사용 목적과 실제 사용 방법을 적절하게 파악·관리하지 못하고, 고객에게 사용 목적을 제시하지 않았음에도 불구하고 회원 사이트의 서비스 사용 이력을 사용해 애플리케이션에서 광고를 송출하면 큰 문제가 됩니다.

이처럼 사용 목적의 제시 상황에 관한 정보 제공의 복잡도는 채널이 늘어날수록 높아집니다. 이 복잡한 정보를 문제없이 관리하기 위해서는 고객 데이터 플랫폼을 통해 적절하게 관리할 수 있는 상태로 만들어야 합니다.

고객 데이터 플랫폼에서 사용 목적 제시 상태를 관리하는 방법 중 하나를 소개합니다. 각 고객 정보를 연결하고 채널별로 사용 목적 제시 상태에 대한 플래그를 붙입니다. 채널별로 플래그를 준비하고, 애플리케이션의 사용 범위는 어디까지인지, 회원 사이트의 사용 범위는 어디까지인지 개별적으로 관리합니다.

그리고 이탈자 관리를 주의해야 합니다. 동의 취득 정보는 한 번 얻었다고 영구적으로 변하지 않는 것이 아닙니다. 서비스 해지 등에 따라 사용 여부 상태가 바뀔 가능성도 있습니다. 그리고 이제는 고객이 자신의 데이터가 어떻게 사용되고 있는지 확인하거나, 변경하고 싶은 기능에 대한 요청도 강해질 것입니다.

서비스 사용을 시작할 때 제시한 사용 목적, 고객의 서비스 지속 상태나 제3자 제공에 관한 오프라인·옵트아웃(Opt-out) 동의 상태 등을 중앙집중화해 관리함으로써 고객 데이터를 적절하게 활용해야 합니다(그림 2.3.13).

정보 보호 정책

다음 목적으로 고객의 속성 정보, 애플리케이션 열람 정보, 위치 정보, cookie를 취득하고 사용합니다.

● 취득한 애플리케이션 안의 열람 기록과 구매 이력 등의 정보를 분석해 애플리케이션 및 EC 사이트 안에서 취미·기호에 따른 신상품 알림, 서비스 관련 광고 발송을 위해 사용합니다.

애플리케이션

정보 보호 정책

다음 목적으로 고객의 속성 정보, 웹 열람 정보, 위치 정보, cookie를 취득하고 사용합니다.

● 취득한 EC 사이트 안의 상품 열람 이력과 구매 이력 등의 정보를 분석해 EC 사이트 및 당사가 제공하는 애플리케이션 안에서 취미·기호에 따른 신상품 추천, 서비스 관련 광고를 위해 사용합니다.

웹

사용 가능 플래그 관리 이미지

고객 ID	...	애플리케이션 사용 허가 플래그	웹 사용 허가 플래그	회원 탈퇴 플래그
00001	...	TRUE	TRUE	FALSE
00002	...	TRUE	FALSE	FALSE
00003	...	FALSE	TRUE	FALSE
00004	...	FALSE	FALSE	FALSE
00005	...	TRUE	TRUE	FALSE
...	...	...	...	...

▶ 애플리케이션·웹 데이터 모두 상호 사용 가능

▶ 애플리케이션·웹 데이터 한쪽만 사용 가능

▶ 사용 목적을 특정할 수 없거나 회원 탈퇴했으므로 애플리케이션·웹 데이터를 사용하는 것은 바람직하지 않음

데이터 분석 결과를 사용해 이니셔티브를 실행할 때, 고객별로 각 데이터 사용 허가 플래그로 판별함으로써 부적절한 사용이 발생하지 않게 한다

▶ 그림 2.3.13 채널별 데이터 활용 여부 관리 이미지

◉ 데이터 프라이버시 관점은 전문가의 지식이 필요

이번 항에서는 개인 정보 사용 목적의 정의에 대한 데이터 활용 여부를 고객 데이터 플랫폼 안에서 관리하고, 적절하게 제어하기 위한 방법을 예로 들었습니다. 한편, 데이터 프라이버시 영역은 소비자 의식·법령 준수·기술 진화·사회적 요청 등 다양한 요소가 엮인 복잡한 문제입니다. 안전한 프라이버시를 보장하는 체제를 구축하기 위해서는 외부 컨설팅 서비스 등 데이터 프라이버시 전문가의 지식을 활용하는 것이 좋습니다.

BI 환경의 필요성

고객 경험 가치를 만들고 향상시키기 위해서 고객 데이터를 활용한다고 설명했습니다. 하지만 통합된 고객 데이터 플랫폼과 고객 경험 또는 서비스를 연결하기 위한 구조를 잊어서는 안됩니다. 단순히 데이터를 연결한다는 의미에서는 MA 등의 도구를 도입함으로써 고객 데이터 플랫폼과 고객 접점을 연결할 수는 있습니다.

그러나 MA 등의 도구를 활용하기 전에 고객 커뮤니케이션을 최적화하기 위한 세그멘테이션 혹은 누구에게, 언제, 어떤 빈도로, 어떤 메시지를 전달할 것인지 명확하게 해야 합니다. 시행 착오를 통해 이를 최적화하기 위해서는 BI 환경을 설정해 둬야 합니다(그림 2.3.14).

BI(Business Intelligence)란 기업이 데이터를 기반으로 하여 의사 결정을 내릴 수 있도록 하는 도구입니다. 탐색적 데이터 분석, 시각화, 대시 보드 등의 보고가 주요 기능입니다.

여러 기업들이 BI를 통해 데이터 시각화를 추진하고 있습니다. 하지만 아직은 사업별 분석에 머무르고 있으며, 여러 사업을 가로질러 자사 고객을 이해하는 데까지는 이르지 못한 경우가 많습니다. 자사만의 고객 경험을 제공하기 위해서는 먼저 자사의 고객에 관한 깊이 이해해야 하며, 이때 고객 데이터 플랫폼과 조합한 BI는 강력한 도구가 됩니다. 데이터에 기반해 고객에 관해 깊이 이해한 뒤에야 자사가 가진 고유한 강점을 활용해 고객 접점을 만들 수 있습니다.

고객 데이터 플랫폼에서의 데이터 통합

BI를 활용한 고객 이해 촉진

매장 분석	고객 분석	상품 분석

매장 필터

매출 규모	매장 크기	지역성
▼ 100,000K~	▼ 작음	▼ 대도시

이니셔티브 실적	매출 건수
210713_app_coupon	5,000
210711_mail_coupon	4,000
210711_app_sale	2,000
210711_mail_sale	100

RFM 필터

Recency	Frequency	Monetary
▼ 1주 이내	▼ 10회 이상	▼ 100K 이상

고객 속성	매장 거리	
남성 3,000	1km 이내	3,000
여성 3,000	5km 이내	2,000
불명 3,000	10km 이내	1,000
	30km 이내	50

상품 필터

카테고리	브랜드	가격
▼ 일용·생활	▼ 자사	▼ 0.1K~0.5K

상품 실적	장바구니 카테고리	
곰팡이 제거 3,000	인테리어	3,000
스펀지 2,000	애완동물 용품	2,000
빨래집게 1,000	도예 용품	1,000
필러 50	주방	50

같은 규모의 매장 이니셔티브 중 효과가 나타난 이니셔티브를 파악	고객 동향으로부터 대상으로 할 최적의 고객층을 예측	함께 판매되는 상품을 파악해 발주나 진열에 반영

고객 이해를 기반으로 하는 이니셔티브에 활용

▶ 그림 2.3.14 BI를 사용한 고객 이해에 기반한 데이터 활용

이상적인 고객 경험은 개별 고객에게 최적화된 서비스를 제공하는 것이지만, 모든 고객을 분석하고 개별적으로 최적화된 고객 경험을 제공하기는 어렵습니다. 한편, 성별이나 나이대 같은 일반적인 속성 정보만으로 고객 경험을 나눠서는 고객에 맞는 최적의 경험을 제공할 수 없습니다.

BI를 사용하면 이상과 현실 사이의 균형을 얻을 수 있습니다. 모든 고객을 개별적으로 볼 수는 없지만 자사 서비스 사용 상황이나 상품 구매 경향, 그 밖의 특징으로 나눌 수 있는 관점을 검토함으로써 일반적인 구분뿐만 아니라 자사 고객의 특징에 맞는 고객 경험을 설계할 수 있게 됩니다. 구체적인 고객 세그멘테이션 방법에 관해서는 뒤에서 설명합니다.

BI 환경을 갖추기 위한 접근 방법

BI 환경을 정비하기 위해서는 어떻게 해야 할까요? 기본적으로는 ① 분석 요구사항에 필요한 데이터 마트를 만들고 ② 분석 요구사항을 만족하는 보고서나 대시보드를 만들어야 합니다. ①은 고객 데이터 플랫폼으로 구축하고 ②는 BI로 구축합니다.

두 작업을 모두 수행하기 위해서는 분석의 목적이 중요합니다(그림 2.3.15). 예를 들면 BI를 활용해 고객 데이터를 분석하는 목적을 '고객의 충성도를 높이기 위해, 고객 전체를 부감해 다양한 각도에서 비춰보고 LTV(Life Time Value, 고객 생존 가치)를 향상하는 고객 육성 이니셔티브로 연결하는 것'이라 정의했다고 가정합니다. 그 다음 분석 목적에 맞춰 어떤 정보를 어떤 축에서 볼 것인지, 그 출력을 어떻게 활용할 것인지 결정합니다.

분석할 데이터의 지표에는 매출, 판매 수 등이 해당합니다. 그에 대한 분석 축이란 고객 축·상품 축·매장 축과 같은 분류의 단면입니다. 본질적으로는 이들을 조합함으로써 시각화 요구사항을 결정합니다. 고객 축에서 충성도에 따라 고객을 분류하고, 어떤 상품 카테고리의 구매 빈도가 높은지 식별하고, 상대적으로 충성도가 낮은 고객에 대해 구매를 촉진하는 새로운 이니셔티브를 검토하는 등 분석 후 행동까지 의식해 분석 요구사항을 결정해야 합니다.

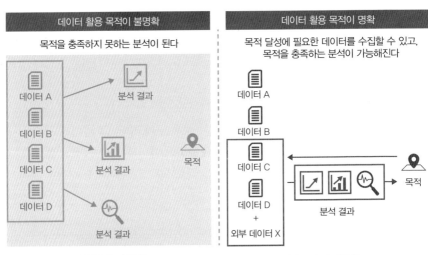

▶ 그림 2.3.15 데이터 활용 목적에 맞는 데이터와 분석의 관련성

가능하다면 시각화의 목적이나 단면이 되는 데이터 항목을 결정할 때는 간단한 대시보드의 이미지를 준비해 검토하면 좋습니다. 구체적인 대시보드의 이미지를 보며 요구사항을 결정함으로써 검토 누락이나 결과 이미지에 대한 인식의 차이가 발생하는 것을 방지할 수 있습니다.

시각화의 목적 및 그 이후의 활용 용도 등에 대한 요구사항이 정해지면, 실제로 필요한 데이터가 고객 데이터 플랫폼에 저장돼 있는지, 분석에 필요한 형태로 BI로 출력할 수 있는지 등의 가시성(Feasibility)에 관해 검토합니다. 데이터 항목이나 내용, BI에서의 계산을 위한 계산 로직의 정합성, 실제 BI에 필요한 보고서 표현 가능 여부 등을 확인합니다. 이런 검토를 사전에 수행하고 BI 구축을 진행하면, 필요한 데이터가 부족하거나 만든 보고서가 활용되지 않는 등의 상황을 피할 수 있습니다(그림 2.3.16).

그리고 BI 구축에 맞춰 시각화된 정보에 기반한 KPI 재정의, BI 확인을 업무에 포함시키는 업무 흐름 재정의도 함께 수행하는 것이 좋습니다. 일상 업무로서 BI를 활용하게 할 수 있으므로 업무 연계에 관해서도 검토를 진행해야 합니다.

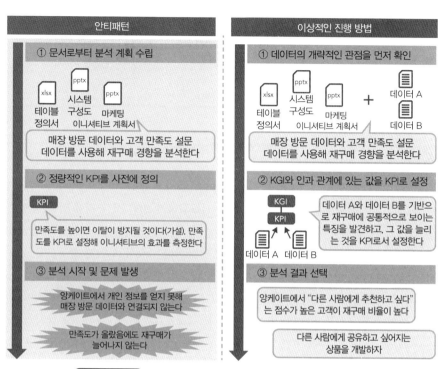

▶ 그림 2.3.16 실제 데이터와 KGI를 고려하면서 데이터 분석을 추진

2.4 고객 데이터 플랫폼 구축 프로젝트 일정

프로젝트 추진 일정을 수립하기

앞서 고객 데이터 플랫폼의 구축 및 고객을 시각화하기 위한 BI 환경에 관해 설명했습니다. 2.3절의 앞부분에서도 설명했지만 고객 데이터 플랫폼은 초기 구축 못지않게 운용이 중요한 시스템입니다. 그럼 그 고객 데이터 플랫폼을 어떤 일정으로 구축하고 운용하는 것이 좋을까요? 여기에서는 프로젝트 전체 일정을 수립하는 데 있어 고려해야 할 포인트와 함께 설명합니다.

먼저 데이터 활용의 목적과 어떤 고객 경험을 목표로 하는지를 결정하고 골자가 되는 유스케이스나 이니셔티브를 정의합니다. 너무 상세한 유스케이스나 엄밀한 비용 대비 효과를 생각하는 것이 아니라, 고객 데이터 플랫폼을 활용하는 큰 목적에 대해 '우선 시작해 본다'는 자세를 갖는 것이 매우 중요합니다.

그런 의미에서 기업 규모에 관계없이 초기 구축에 1년 이상의 시간을 들이는 것은 피해야 합니다. 오늘날에는 다양한 서비스나 커뮤니케이션 도구가 속속 등장하고 있습니다. 1년이 지나면 고객 행동이나 제공해야 할 고객 경험 역시 변할 가능성이 높고, 필요한 데이터 등 업무 요구사항도 달라질 것입니다. 기본적으로는 6개월, 최대 1년 안에는 초기 구축을 완료하고 요구사항 변경에 유연하게 대응할 수 있는 운용 체제를 구축합니다(그림 2.4.1).

초기 구축을 아무리 짧은 시간 내에 완료했다 하더라도 이후 고객 데이터 플랫폼을 지속적으로 개선하지 않으면 의미가 없습니다. 초기 고객 데이터 플랫폼을 구축하면서 동시에 새로운 비즈니스 요구사항을 검토하는 것도 잊지 않기 바랍니다. 본격적인 고객 데이터 플랫폼 추진 프로젝트의 시작은 초기 구축이 완료되는 시점입니다.

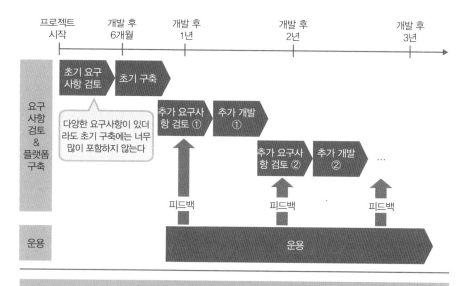

프로젝트 시작 후 1년 이내에는 데이터 플랫폼 운용을 시작할 수 있도록, 초기 구축 요구사항을 적절히 줄임으로써 운용한 결과 피드백이나 실현해야 할 고객 경험 변화에 맞춰 새로운 비즈니스 요구사항을 추가할 수 있다

▶ **그림 2.4.1** 일반적인 고객 데이터 플랫폼 구축 일정

구축 전 확인 요소 ①: 비즈니스 임팩트가 있는 이벤트

실제 프로젝트를 추진하다 보면 예상하지 못했던 사건이 발생할 때가 많습니다. 그중 관련 부문 또는 관계 기업과의 조정에 관한 문제가 많습니다. 하지만 이런 상황들은 사전에 파악하고 조정해서 처리할 수 있습니다.

프로젝트 전체 일정에 영향을 줄 수 있는 경우를 몇 가지 살펴봅시다. 가장 먼저 기업 전체의 입장에서 비즈니스 임팩트가 큰 노력을 조정하는 것이 중요합니다.

어떤 스포츠 이벤트를 개최하는 기업이 자사의 고객을 분석하기 위해 고객 데이터 플랫폼을 도입하고 있다고 가정해 봅시다. 당연히 스포츠 이벤트를 통해 많은 고객이 유입되고, 여러 차례 방문하게 하려면 데이터를 활용해 고객을 깊이 이해해야 합니다. 고객 데이터 플랫폼은 신속하게 전개해야 효과적이라고 설명했습니다. 이 기업에서도 짧은 기간 안에 릴리스하는 것을 목표로 고객 데이터 플랫폼 구축을 진행했다고 가정해 봅시다.

스포츠 이벤트 기획 담당자가 자사 안에서 고객 데이터 활용을 위한 프로젝트가 진행되고 있다는 것을 알았다면, 1년에 1번 정도의 대규모 이벤트를 개최할 때 그 구조를 활용하고 싶을 것입니다.

만약 플랫폼을 구축하기 시작한 뒤에 이벤트 기획 담당자로부터 '꼭, 다음 이벤트에서 데이터 활용 이니셔티브를 수행하고 싶다'는 말을 듣는다면 어떻게 될까요? 고객데이터 플랫폼 초기 구축의 요구사항에 포함되지 않았던 요구사항들을 프로젝트 도중에 포함시켜 검토해야만 합니다. 이는 자연스럽게 현재의 프로젝트 일정에 영향을 주게 되고, 최악의 경우 스포츠 이벤트를 개최하기 위해 애써 새로운 요구사항을 포함시켰음에도 불구하고, 결국 일정에 맞추지 못하고 그저 프로젝트 지연이라는 결과만으로 끝날 수 있습니다.

이런 상황을 피하기 위해 사내의 비즈니스 임팩트가 큰 이벤트는 반드시 사전에 조정해야 합니다(그림 2.4.2). 그렇게 함으로써 초기 구축 일정을 맞추면서도 이후의 업데이트에 맞춰 특별한 이벤트를 위한 이니셔티브 전개도 포함시켜 조정할 수 있으므로 구축 과정에서 발생하는 문제를 피할 수 있습니다.

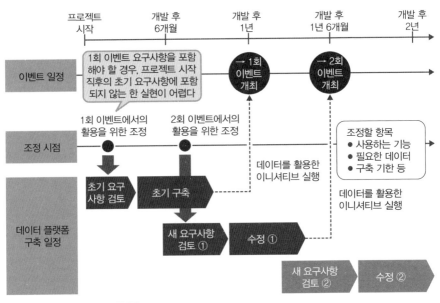

▶ **그림 2.4.2** 비즈니스 임팩트가 있는 이벤트와 프로젝트의 조정

구축 전 확인 요소 ②: 기존 시스템 업그레이드 프로젝트

그 밖에도 자사 안에서 프로젝트를 시작하기 전에 조정해야만 하는 요인으로 기존 시스템의 수정이나 리뉴얼 프로젝트를 들 수 있습니다.

고객 데이터 플랫폼 구축에는 기존 기간 계열 시스템, 애플리케이션, 홈페이지 등의 데이터를 연계해야 합니다. 그렇기 때문에 기존 시스템이나 도구와의 연계 방식 및 연계를 시작하는 시점을 검토해 둬야 합니다.

당연히 기존 시스템이나 애플리케이션도 계속 변하므로 필요에 맞춰 수정이나 업데이트를 수행하기도 합니다. 고객 데이터 플랫폼을 도입하기 위해 고객이 사용하는 애플리케이션을 수정했다고 가정해 봅시다. 애플리케이션 수정 자체는 고객 데이터 플랫폼을 구축하는 프로젝트에서도 인식하고 있으므로, 고객 데이터 플랫폼 도입의 방향성이나 일정을 구체적으로 정한 뒤 애플리케이션 책임자에게 공유하면 될 것이라 생각하고 일을 진행하기 쉽습니다.

하지만 이 커뮤니케이션 지연은 함정이 되기 쉽습니다. 예를 들면 해당 내용을 공유한 시점에 이미 애플리케이션의 요구사항 정의가 완료돼 애플리케이션이 릴리스 될 때까지 어떤 사양 변경도 할 수 없다는 답변이 돌아오는 일도 많습니다. 이렇게 되면 애플리케이션과 데이터를 연계하고 싶다 하더라도 애플리케이션의 데이터를 꺼내지 못하게 되고, 심지어 반년 이상 데이터를 획득하지 못하는 결과를 낳게 될 수도 있습니다.

앞서 설명했던 비즈니스 임팩트가 있는 이벤트와 비슷한 상황이며 이 경우에는 구체적인 시스템 요구사항을 조정해야 합니다(그림 2.4.3). 사이트에 로그 해석을 위한 태그를 삽입하려면 어떤 조정이 필요한가(예를 들면 정보 보안 부문과의 조정 등), SDK(Software Development Kit)를 내장할 수 있는가, 다른 방법으로 서버의 로그를 제공받을 수 있는가 등 데이터 연계에 필요한 구체적인 요구사항을 협의해야 합니다.

고객 데이터 플랫폼 구축과 애플리케이션 수정 프로젝트 담당자들이 상대방의 프로젝트에 관해 서로 인식하고 있었음에도, 의뢰하고자 하는 내용을 조정할 수 있다고 생각했다고 말하는 경우도 적지 않습니다. 이런 상황을 피하기 위해서라도 관련된 프로젝트와는 필요에 따라 기술적인 요구사항에 관해 확실하게 논의를 진행하는 것이 좋습니다.

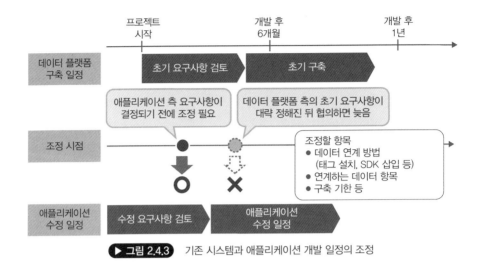

▶ 그림 2.4.3 기존 시스템과 애플리케이션 개발 일정의 조정

구축 전 확인 요소 ③: 시스템 벤더의 예상 공수

지금까지 사내 관련 부문에 대한 조정에 관해 설명했습니다. 사외의 경우에는 어떨까요? 예상하지 못한 상황이 발생하기 쉬운 대상으로 기존 시스템 벤더와의 조정을 들 수 있습니다.

고객 데이터 플랫폼에는 기존 시스템으로부터 데이터를 출력 받아야 합니다. 많은 기업에서는 기존 시스템, 예를 들면 수・발주에 관한 기간 계열 시스템이 SFA, CRM 등의 시스템을 운영하면서 운용・유지보수를 수행하는 시스템 벤더에게 업무를 위탁하고 있을 것입니다.

일반적으로는 운용・유지보수에 필요한 위탁 비용은 연 단위로 정해져 있으며, 비정규 사태가 발생했을 때는 추가 비용을 청구하는 형태로 되어 있습니다.

기존 시스템의 운용・유지보수 벤더에게 고객 데이터 플랫폼 구축에 따른 작업을 의뢰하는 것은 당연히 벤더 입장에서는 비정규 작업이 됩니다. 따라서 사전에 시스템 벤더의 주관 부문과 추가 비용에 관해 조정해 둬야 합니다.

특히 테스트용 데이터 출력은 고객 데이터 플랫폼 구축에서 매우 중요합니다. 고객 데이터 플랫폼은 위치적인 특성상 다른 시스템들로부터 다양한 형식의 데이터를 수집하게 됩니다. 데이터를 출력하기 위한 인터페이스 개발의 관점에서 보면, 기존 시스템의 사양서를 제출 받는 것만으로도 충분할 수 있습니다. 단, 테스트 단계에서 모든 데이터 패턴을 망라한 테스트 데이터를 준비하는 것은 어렵습니다. 가장 합리적인 것은 기존 시스템의 실제 데이터를 마스킹한 뒤 일부를 활용해 테스트를 수행하는 방법입니다.

테스트 데이터에 문제가 있으면 단위 테스트에서 검증이 충분하게 수행되지 않고 이후 공정에서 발생하는 오류의 원인이 됩니다. 이를 방지하기 위해서라도 실제 데이터를 테스트로 추출하고, 가정한 데이터 이외의 데이터가 포함돼 있지 않은지 실제 데이터를 사용해 테스트를 수행해야 합니다.

이런 작업을 원활하게 수행하기 위해서도 기존 시스템 벤더의 공수에 관해 주관 부서와 확실하게 협의하면서 진행해야 합니다(그림 2.4.4).

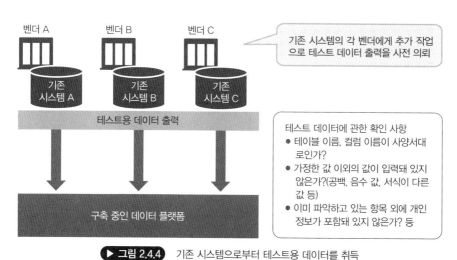

▶ 그림 2.4.4　기존 시스템으로부터 테스트용 데이터를 취득

워터폴(Waterfall) vs. 애자일(Agile)이 아니다

시스템 개발 현장에서 항상 구설수에 오르는 주제로 워터폴 유형인지, 애자일 유형인지에 관한 논의가 있습니다. 그리고 오늘날에는 일반적으로 워터폴 유형의 개발은 나쁘고, 애자일 유형의 개발을 더 추진해야 한다는 논조가 강한 것 같습니다. 이 책에서도 전체적으로 우선 시도하라, 초기 구축에 너무 많은 시간을 들이지 말라고 주장하고 있습니다. 워터폴인가, 애자일인가라는 질문을 생각해 보자면 '애자일 유형'을 권장하는 것은 맞습니다.

단, 애자일 유형으로 개발을 진행하더라도 올바른 순서에 따라 데이터를 다루지 않으면 큰 사고로 연결될 수 있습니다. 이 칼럼에서는 실제 경험했던 내용을 소개합니다.

모 프로젝트에서 만났던 프리랜서 컨설턴트가 있었습니다. 클라이언트 기업의 IT 담당자가 그를 매우 좋게 평가했고, 그는 비즈니스 요구사항을 구현하는 방법을 적극적으로 제안했으며, 요구사항을 빠르게 구현했습니다. 기존 시스템을 운용·유지보수하고 있는 다른 벤더는 작업을 요청할 때마다 견적이 필요했고, 구현에도 상당한 시간이 걸렸기 때문에 IT 담당자도 불만을 갖고 있었으며, 이렇게 개인적으로 요청을 들어줬기 때문에 그 컨설턴트를 매우 중요하게 생각했습니다.

하지만 이후 그 컨설턴트가 구현 과정에서 큰 실수를 하면서 고객에게 큰 손실을 안기게 됐습니다. 사고가 발생한 후 확인한 결과 만들어진 것은 조잡한 설계, 리뷰와 테스트 프로세스 누락, 릴리스 시의 증적도 확인할 수 없는 짜깁기 프로그램으로, 실제 운용을 도저히 견딜 수 없는 것이었습니다.

이것은 시스템이나 데이터를 등한시한 결과이자 이전 담당자들이 구축했던 지혜와 경험을 무시해서 벌어진, 어떻게 보면 당연한 결과라 할 수 있습니다. 실제로 구현한 사람의 책임뿐만 아니라, 진행 방식을 충분하게 검토하지 않고 무조건 받아들인 IT 담당자에게도 책임이 있을 것입니다.

여기에서는 주의해야 할 점은 기본이 되는 QCD(Quality: 품질, Cost: 비용, Delivery: 전달) 사고 방식입니다. 품질을 낮추면(극단적으로 오류 투성이의 짜깁기 프로그램라도 괜찮다면) 비용은 들지 않으며, 누구라도 짧은 기간에 결과물을 만들 수 있습니다. 하지만 최종적인 결과는 좋지 않을 것입니다. QCD 사고 방식은 전체의 균형을 강조하며 이는 워터폴 유형이든 애자일 유형이든 다르지 않습니다. 애자일 유형이라면 저렴한 비용으로(C) 짧은 기간에(D) 높은 품질(Q)의 것을 만들 수 있다고 착각할 가능성이 매우 높으므로 대단히 주의해야 합니다.

이야기가 다소 벗어났지만 '워터폴 유형'과 '애자일 유형'의 근본적인 차이는 '구현해야 할 요구사항이 명확하게 결정돼 있는가?'에 있습니다. 워터폴 유형이 나쁘다고 여겨지기 쉬운 이유는 오늘날 비즈니스 요구사항이 변하는 사이클이 다양한 원인에 의해 매우 짧아져, 워터폴 유형으로 시스템 개발을 추진하면 그 변화 속도를 따라가지 못하기 때문일 것입니다.

고객 데이터 플랫폼 구축이나 플랫폼에 축적된 데이터를 활용한 이니셔티브의 경우에도 마찬가지입니다. 비즈니스 요구사항은 데이터를 볼 수 있게 된 시점에야 비로소 검토를 시작할 수 있고, 진짜 필요한 데이터에 관한 요구사항은 이니셔티브 실행 후에 드러나기 때문입니다. 이것을 워터폴 유형에 끼워 맞추면, 비즈니스 사용자에게 요구사항을 무리하게 결정하게 하거나, 비즈니스 사용자가 요구사항을 낼 수 없다고 느끼고 초기 요구사항 단계를 가볍게 여기게 됩니다. 반대로 데이터를 보지 않으면 비즈니스 요구사항을 결정할 수 없다는 이유로 비즈니스 사용자가 PoC(Proof of Concept, 개념 실증)에 시간을 너무 들여, 환경을 구축하지 못하는 경우 또한 이번 장에서 다룬 것과 같습니다.

여기에서는 일반적으로 사용하는 애자일 개발 방법인 스크럼(Scrum)을 사용한 2~4주 단위의 개발 사이클을 채용하지 않고, 애자일의 근본적인 정신인 '설계보다 변화에 대한 대응을 중시'하는 것을 권장합니다. 이를 위해서는 적정한 범위로 끊는다, 우선 이니셔티브를 실행한다, 실행 결과에 따라 다양한 데이터 수집 및 활용을 진행한다는 노력 자체가 필요합니다 (그림 2.4.5). 이 사이클을 만들고 고객 경험으로 이어지는 흐름을 만들 수 있는지가 프로젝트의 성패를 결정한다고 해도 과언이 아닐 것입니다.

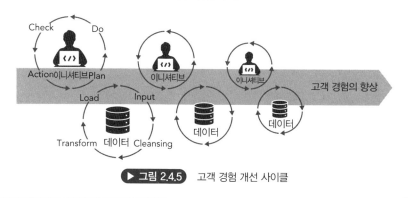

▶ 그림 2.4.5 고객 경험 개선 사이클

2.5 고객 데이터를 활용한 고도의 데이터 분석

분석을 고도화하는 단계

이번 절에서는 앞서 살펴본 고객 데이터 플랫폼을 구축해 어떤 데이터 분석을 수행할 수 있게 되는지 소개합니다.

우선 고객 데이터 분석은 2.3절에서 설명한 BI 환경을 활용한 시각화에서 시작하는 것을 권장합니다. 이 시각화를 기반으로 하여 이번 절에서 소개하는 머신러닝을 활용한 분석으로 진행하는 것이 바람직하다고 생각됩니다.

이 과정에서 빠지기 쉬운 함정이 있습니다. 고도의 머신러닝 모델을 사용해 어떤 특정 테마나 한 가지 이니셔티브만으로 큰 효과를 얻으려고 하는 것입니다(그림 2.5.1). 고객 데이터는 다양한 고객 접점으로부터 얻어진 데이터를 통합함으로써 기존의 이니셔티브로는 활용하지 못했던, 교차 데이터를 이니셔티브에서 활용할 수 있습니다. 그렇기 때문에 기존의 대처를 통해 얻은 효과를 향상시켜 나감으로써 더 큰 효과를 얻을 수 있습니다. 한 가지 대처 방법만을 고집하지 말고 고객 데이터를 통합해서 얻을 수 있는 장점을 최대한 활용합니다.

	함정에 빠지기 쉬운 경우	바람직한 경우
목표	새로운 노력을 통해 독자적인 주제나 이니셔티브로 효과를 얻는다	기존 이니셔티브에서 활용하지 못했던 데이터를 활용해 효과를 얻는다
포인트	실행 난이도: 높음 재현성: 낮음	실행 난이도: 낮음 재현성: 높음
결과	이니셔티브 준비에 너무 많은 시간을 사용해 충분하게 검증하지 못하고 효과를 얻지 못한다	시행착오를 반복해 조금씩 지식을 축적하면서 효과를 얻을 수 있다

▶ 그림 2.5.1 분석을 통해 비즈니스 효과를 얻기

데이터 분석의 목적을 '분류'와 '예측'으로 크게 나누기

정량적인 데이터를 다루는 데이터 분석에서 소위 머신러닝을 사용한 고도의 분석에 관해 설명할 때는 분석 방법이나 알고리즘별로 설명하는 것이 많습니다. 하지만 이 책의 목적은 고도의 분석 방법을 수리적으로 논하는 것이 아니므로, 여기에서는 고객 데이터를 분석하는 방법을 가능한 간단하게 소개합니다.

⊙ 분류

분석은 그 목적에 따라 크게 '분류'와 '예측'으로 나눌 수 있습니다. 먼저 고객 경험을 개선하기 위해 고객에게 무언가의 접근 방식을 취하고 싶어도, 데이터 전체를 보는 것만으로는 효과적인 방법을 찾아내기 어렵습니다. 그래서 데이터 분석을 통해 몇 가지 축으로 나누어야 합니다. 이것이 '분류'입니다(그림 2.5.2).

고객 데이터에서의 분류란 다양한 기준을 조합해 고객을 몇 가지 그룹으로 나누는 것을 말합니다.

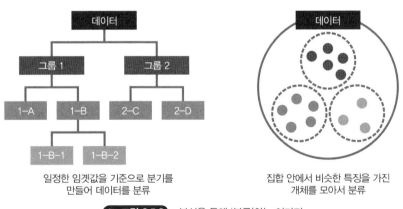

일정한 임곗값을 기준으로 분기를
만들어 데이터를 분류

집합 안에서 비슷한 특징을 가진
개체를 모아서 분류

▶ **그림 2.5.2** 분석을 통해 '분류'하는 이미지

⊙ 예측

고객에게 접근할 때 반응을 얼마나 나타내는가를 의미하는 반응은 대상 고객에 따라
다양합니다. 단, 접근 결과에 따라 특정 반응이 반복적으로 나타나는 패턴이 존재할
때가 있습니다. 분석의 또 한 가지 목적은 미래에 관한 결과를 '예측'하는 것입니다
(그림 2.5.3).

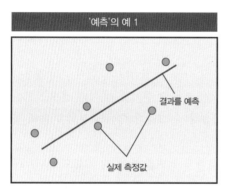

'예측'의 예 1

실제 측정값인 과거의 패턴을 기반으로
미래의 결과를 예측한다

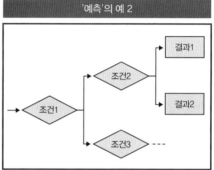

'예측'의 예 2

사람의 경험 지식 등(어떤 조건이 성립했을 때
예상되는 결과)을 규칙으로 설정해
미래의 결과를 예측한다

▶ 그림 2.5.3   분석을 통해 '예측'하는 이미지

여기에서는 구체적으로 고객 데이터를 분석하는 방법, '분류'와 '예측'을 통해 고객
경험의 개선 · 고도화로 연결할 수 있는지에 관해 설명합니다.

충성도에 따라 고객의 순위를 나누기

고객을 분류하는 가장 일반적인 방법은 RFM 분석입니다. 최근 마지막 구입일
(Recency), 구입 빈도(Frequency), 구입 금액(Monetary)이라는 세 가지 관점을 사용해서
고객을 그 충성도에 따라 분류하는 분석 기법입니다. 여기에서는 쇼핑몰에 대한 고
객 세그먼트를 정의하는 예를 살펴봅니다.
가장 먼저 고객을 분류할 때는 최근 마지막 구입일에 주목합니다. 이것은 회원 등록
에서 입력된 정보라 하더라도 너무 오래된 고객, 예를 들면 1년 동안 매장에 방문하

지 않은 고객을 기존 고객으로 간주하는 것은 적절하지 않을 때가 많기 때문입니다. 고객 행동을 분석하기 위해 모든 데이터에 동일한 가중치를 부여하면, 참고해서는 안 될 고객의 과거 행동도 분석에 반영되므로 주의해야 합니다. 기존 고객 여부를 판별하는 기간이나 데이터 분석 대상으로 삼을 기간은 자사에서 취급하는 상품이나 평균 구매 빈도 등에 맞춰 설정해야 합니다.

마찬가지로 고객 구입 빈도, 구입 금액에 대해서도 고객 순위를 설정합니다. 일반적으로 가장 충성도가 높은 고객을 충성 고객으로 정의합니다(그림 2.5.4).

고객 순위는 충성도에 따른 서비스를 제공할 때 매우 효과적입니다. 각 순위에 대한 LTV를 계산하고 순위별로 LTV 변동, 순위별 고객 수 추이를 모니터링함으로써 자사의 전략이나 목적에 맞는 성과가 나오고 있는지 평가할 때 활용할 수 있습니다.

고객 순위	Recency (최근 마지막 구입일)	Frequency (구입 빈도)	Monetary (구입 금액)
A	60일 이내	20번 이상	50,000원 이상
B	180일 이내	6~19번	10,000원 이상~50,000원 미만
C	180일 이상	5번 이하	10,000원 미만

▶ 그림 2.5.4 RFM 분석을 통한 고객 정의 이미지

클러스터 분석을 사용한 고객 분류

데이터 주도로 고객을 분류할 수도 있습니다. 통합된 고객 데이터를 활용해 R·F·M 이외의 다양한 관점에서 고객 특성에 맞춰 분류할 수 있습니다. 예를 들면 매장 방문 빈도가 월 1번 정도이고, 평균 단가도 같은 여성 고객 A와 B가 있다고 가정해 봅시다. 단순한 RFM으로 분석하면 고객 A와 고객 B의 충성도는 같다고 판단하게 될 것입니다.

하지만 통합된 고객 데이터(구매 이력이나 쿠폰 사용 이력 등)를 활용하면 고객 A와 고객 B가 같은 쇼핑몰에서 쇼핑을 하더라도 사용하는 매장은 다르다는 경향을 알 수 있습니다(그림 2.5.5). 고객 A는 주로 화려한 잡화나 음식을 판매하는 매장, 고객 B는

주로 패션 매장에 흥미가 있는 것으로 보입니다. 사용 시간대는 모두 토요일과 일요일에 집중돼 있지만 고객 A는 점심에 맞춰 다소 이른 시간대에 매장에 방문하는 것을 알 수 있습니다.

이런 차이를 알게 되면 고객 경험을 향상시키기 위해 흥미나 관심이 높은 카테고리의 매장의 세일 정보를 알리거나, 특전 등을 효과적으로 제시할 수 있게 됩니다. 각 고객의 기호에 맞는 카테고리의 매장이 입점할 때는 애플리케이션 등을 통해 적극적으로 매장 방문을 촉진하는 것도 좋습니다.

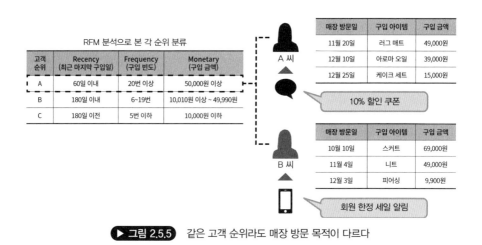

▶ 그림 2.5.5 같은 고객 순위라도 매장 방문 목적이 다르다

⊙ 비즈니스 경험 규칙만으로는 곤란한 최적의 고객 분류

앞서 설명한 것처럼 고객을 분류할 때 비즈니스적인 경험만으로 분류를 최적화하는 것은 곤란합니다. 물론 쇼핑몰 안에 있는 매장을 몇 가지 카테고리로 나누고(음식점, 화장품, 남성 패션, 여성 패션 등), 카테고리별로 FRM 분석을 수행하여 어느 정도 그룹으로 나눌 수 없거나, 시행착오를 반복할 수는 있습니다. 하지만 보다 상세한 분류(예를 들면 잡화 매장의 사용이 아닌 상품 카테고리가 잡화인 구매 이력 유무 등)를 조합해 어떤 카테고리로 나눠야 하는가(레스토랑과 카페 카테고리를 나눠야 하는가, 혹은 이들을 일괄적으로 음식점으로 나눠도 좋은가 등)는 수없이 많이 생각할 수 있습니다. 시행착오를 통해 수많은 그룹 안에서 공통점을 가진 고객 그룹을 발견하는 일이 얼마나 어려울지 쉽게 상상될 것입니다.

머신러닝을 사용하면 이와 같은 수많은 분류 방법으로부터 통계적으로 유의미한 방법으로 고객을 분석할 수 있습니다. 예를 들면 클러스터 분석을 사용해 통계적으로 고객이 어느 정도 비슷한지 판단할 수 있습니다(그림 2.5.6).

클러스터 분석에서는 통계적으로 비슷한 고객을 어느 정도 고객 수의 덩어리로 분류할 수 있기 때문에 고객 경험을 향상시키는 이니셔티브에도 활용할 수 있습니다. 너무 적은 수의 고객 그룹으로 상세하게 분류하면 고객 경험을 개선하기 위한 이니셔티브에 활용할 수 없습니다. 일정 수 이상의 고객을 포함하는 그룹으로 나누어야 비즈니스에 유의미하게 활용할 수 있습니다.

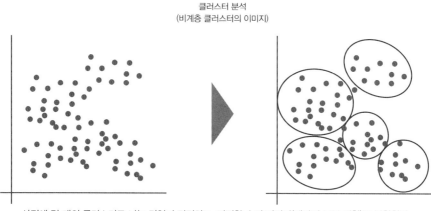

클러스터 분석
(비계층 클러스터의 이미지)

사전에 몇 개의 클러스터로 나눌 것인지 결정하고, 결정한 수의 덩어리(배타적 부분 집합)로 분할한다.
매우 많은 수의 데이터를 사용한 분석에서 효과적인 방법이다.

▶ 그림 2.5.6 클러스터 분석을 통해 고객을 그루핑

⊙ 클러스터 분석 결과로부터 고객 이미지를 그리기

클러스터 분석은 어디까지나 데이터에 기반해 고객을 분류하는 것입니다. 따라서 분류 결과에서 해당 고객에 관한 이미지를 그려내야 합니다(그림 2.5.7).

앞서 A 고객과 B 고객의 예에서도 각 고객이 분류된 클러스터를 비교하면서 결합해야 합니다. A 고객의 클러스터와 B 고객의 클러스터에서는 사용 매장의 차이로부터 '잡화 선호'와 '패션 선호'와 같이 알기 쉽게 특징을 정의할 수 있습니다. 그리고 약간 연령대가 다르고 30대 여성과 50대 여성이 중심이라는 점, 거주 지역이 교외인지 도

심인지 같은 데이터를 비교하면서 비즈니스 관점에서 고객을 깊이 이해하고 적절한
의미를 부여하는 것이 중요합니다.

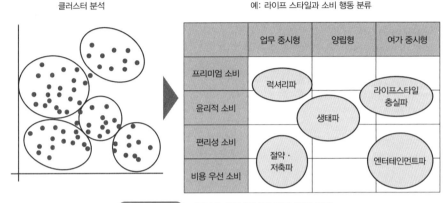

▶ 그림 2.5.7   클러스터별 특성에 따라 분류하기

데이터로부터 각 클러스터의 고객 이미지를 그리는 방법

클러스터 분석 또는 RFM 분석을 사용해 고객을 어느 정도 그룹으로 그루핑한 뒤에
는 그 그룹이 어떤 특징을 갖는 고객인지 해상도를 높여야 합니다. 그 방법으로는 심
층 인터뷰(Depth Interview)를 수행하거나 대상 고객에게 설문 조사 등을 수행할 수 있
습니다. 1장에서 소개한 것처럼 이런 정성 분석도 효과적이지만 여기에서는 SNS 등
에 게시된 데이터를 활용한 분석 방법을 소개합니다.

이른바 소셜 미디어에 소비자가 게시한 데이터로부터 소비자의 니즈, 흥미, 관심 및
그 이면의 감정 등을 정성적으로 분석할 수 있습니다. '~라면 좋겠다'와 같은 바람이
나 '~라서 곤란했는데'와 같은 어려움 등 소비자의 본심을 알 수 있습니다.

클러스터 분석으로 고객 데이터를 분류한 뒤 실제로 어떤 고객 그룹이 어떤 니즈를
갖고 있는지 고객 그룹별 니즈를 발견할 때도 활용할 수 있습니다. 정량적인 분류와
분석도 매우 중요하지만, 정성적인 데이터를 분석함으로써 보이지 않는 고객 이미지
를 도출하는 것도 매우 중요합니다(그림 2.5.8).

예를 들면 대표적인 SNS의 하나인 X(구 트위터)라면 쇼핑몰 이름을 검색해 보는 것만으로도 실제 그 쇼핑몰에 방문하는 A 고객과 비슷한 사람들의 계정을 발견할 수 있을 것입니다. 이후에는 해당 계정의 과거 게시 내용을 참조해 게시 내용을 추출합니다. 게시 내용의 주제를 사용해 텍스트 분석을 수행하고 빈도가 높은 키워드를 추출하면 어떤 동기에서 그 쇼핑몰에 방문했는지 알 수 있을 것입니다(그림 2.5.9).

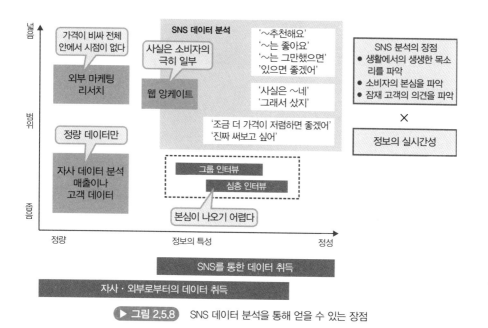

▶ 그림 2.5.8 SNS 데이터 분석을 통해 얻을 수 있는 장점

예: 트위터에 게시된 키워드
자주 사용하는 쇼핑몰의 이용 목적이나 흥미 · 관심을 키워드를 통해 알 수 있다

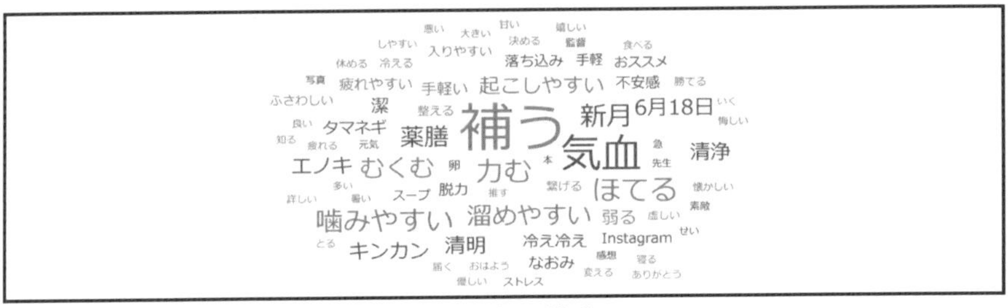

교외 쇼핑몰 사용자

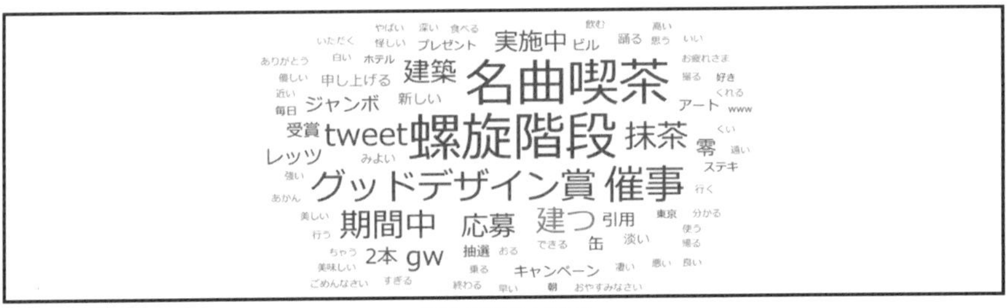

도심 쇼핑몰 사용자

※ 사용자 로컬 AI 텍스트 마이닝 도구를 사용해 조사 https://textmining.userlocal.jp/

▶ 그림 2.5.9 게시 내용 시각화

여기에서 강조하고 싶은 점은 소셜 미디어의 데이터를 분석할 때는 반드시 유료 도구를 사용해 고도의 분석을 해야 하는 것은 아니며, 한 소비자를 깊이 파고 들어 고객을 더 깊이 이해할 수 있다는 것입니다. 데이터를 활용하는 방법이나 고객을 깊이 이해하는 방법은 다양합니다. 여기에서 소개한 방법이 고객을 분류하고 고객을 깊이 이해하기 위한 유일한 방법은 아닙니다. 목적에 맞는 분석 방법이나 데이터 출처를 조합해 비즈니스에 활용할 수 있도록 고객을 분류하고 고객을 이해합시다(그림 2.5.10).

No.	클러스터 이름	특징	사용 시간대	평균 가격(원)	연간 수입액(원)	사람 수(명)	비율 (%)
1	럭셔리파	금전적인 여유가 있으며 자신에 대한 투자로서 생활에 '호화품', '고급품' 등 가치가 높은 것을 살 수 있는 사람	주말 오후	200,000	1,000만	1만	5
2	생태파	환경 보호에 대한 관심이 높고 가능한 자신의 생활에서도 그와 관련된 상품을 살 수 있는 사람	평일 낮	55,000	400만	2만 7천	20
3	라이프 스타일 충실파	항상 주변에 안테나를 세우고 정보를 매일 업데이트하며 자신의 생활을 풍부하고 충실한 것으로 만드는 것을 좋아하는 사람	평일 점심 시간	20,000	600만	1만 1천	35
4	엔터테인 먼트파	오락이나 서비스, 행사를 좋아하며 지금 이 순간을 중요하게 생각하고 매일을 즐기는 사람	주말 밤	80,000	700만	1만 7천	15
5	절약·저축파	'주택 구입', '여행' 등 목적을 위해 절약·저축 생활을 무리 없이 즐기는 사람	이른 아침 이나 폐점 직전	15,000	100만	3만 7천	25

▶ 그림 2.5.10 · 클러스터별로 정성·정량 측면에서 고객 이해를 높이기

고객 데이터를 사용해 다음 고객의 행동을 예측하기

다음으로 고객 데이터를 분석할 때 중요한, 고객 행동을 예측하는 분석에 관해 소개합니다. 고객 행동을 예측할 수 있다면 다음에 고객이 취할 행동을 생각할 수 있습니다. 예를 들어 제조업에서 다양한 데이터를 기반으로 '수요 예측'을 할 수 있다면, 그 예측을 기반으로 상품의 제조량을 결정할 수 있습니다. 생산을 시작하기 전에 필요한 재고량을 예측할 수 있다면 불필요한 재고를 떠안는 리스크를 낮출 수 있습니다.

고객 데이터를 분석해서 얻을 수 있는 예측은 고객이 다음에 취할 행동에 대한 예측, 즉 고객 행동 예측입니다. 이것은 과거의 고객 데이터, 즉 고객이 어떤 행동을 취했는가를 바탕으로 미래를 예측하는 것입니다. 이 예측 결과를 수치화하는 것을 스코어링(Scoring)이라 부릅니다. 이번 항에서는 고객 행동에 기반한 스코어링에 관해 소개합니다(그림 2.5.11).

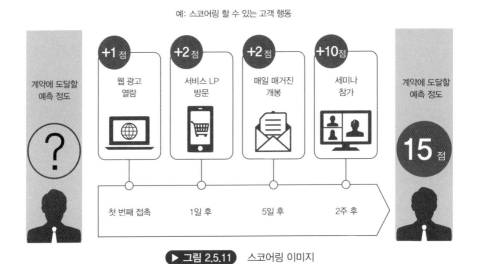

▶ 그림 2.5.11 스코어링 이미지

⊙ 규칙 기반 스코어링

'스코어링'이라는 키워드를 듣고 AI나 머신러닝 모델을 먼저 떠올리는 분도 많을 것입니다. 하지만 스코어링을 수행할 때 반드시 고도의 수리 모델을 처음부터 구사할 필요는 없습니다. 고객 행동을 예측하고 그 결과를 수치화하는 것이 목적이기 때문에 보다 단순한 방법으로 스코어링할 수도 있습니다. 규칙 기반 스코어링이란 어떤 비즈니스 조건을 만족한(규칙에 해당한) 고객에 대해 가점 또는 감점을 부여해 예측하고자 하는 고객 행동의 정도를 점수화하는 방법입니다.

예를 들면 어떤 보험 회사가 보험에 가입하는 정도를 스코어링해 우선적으로 접근할 고객을 식별하려 한다고 가정해 봅시다. 보험 가입에서는 라이프 스테이지의 변화가 중요합니다. 성별, 연령대, 결혼 유무에 따라 보험 가입 경향을 측정하고자 한다고 생각해 봅시다. 기존 고객의 경우에는 영업 담당자가 주소나 명의 변경 등의 절차를 밟는 시점에서 결혼 상태를 파악할 수도 있습니다.

규칙 기반 스코어링에서는 최근에 결혼이라는 라이프 이벤트가 있는 경우 높은 점수를 부여합니다('최근에 결혼했다=라이프 스테이지가 변화해 보험 계약을 수정할 확률이 높다'고 판단한다).

다음으로 더할 점수에 가중치 정도를 결정합니다. 이 규칙은 비즈니스 관점에서 결정하는 것이 중요합니다. 스코어링 결과가 10점 만점이 되는 규칙을 만들었다 하더라도 대상자의 80%가 8점 이상이 되어버리면 예측 점수가 의미를 갖지 못합니다. 예를 들면 8점 이상은 전체의 20%, 5~7점은 전체의 40%, 1~4점은 전체의 40%가 되도록 가점 규칙이나 임곗값을 결정해야 합니다. 그리고 결과를 보면서 '20대 남성과 30대 여성이 같은 가점을 받아도 괜찮은가?'와 같은 비즈니스 관점에서의 타당성이나 정합성도 고려해야 합니다(그림 2.5.12).

입적자의 보험 가입 가능성에 대한 스코어링 규칙							
가점							감점
성별		연령				기존 계약 유무	입적 후 일수
남성	여성	20대	30대	40대	50대 이상	있음	1개월 마다
3	0	3	5	7	0	10	-5

① 업무 지식과 기초 집계에서 점수 규칙을 임시로 정한다 ② 임시로 정한 규칙을 과거 데이터에 적용했을 때의 결과를 보고 규칙을 수정한다

예측 점수	신규 가입 있음	신규 가입 없음	가입률(%)	비율(%)
High: 8점 이상	200	3,000	6.3%	12.5%
Middle: 5~7점	230	7,000	3.2%	28.2%
Low: 4점 이하	250	15,000	1.6%	59.4%
합계	680	25,000	–	100%

* 과거 데이터에서 실제로 신규 가입한 사람 수

점수가 높은 사람일수록 가입률이 높다(=규칙이 타당하다)는 것을 확인

H · M · L 점수를 얻은 사람의 비율이 적절한지 확인

▶ 그림 2.5.12 규칙 기반 스코어링 이미지

⊙ 머신러닝을 사용한 스코어링

한편, 고객이 능동적으로 결혼과 관련해 신청하는 경우뿐만 아니라 보험 회사가 결혼이라는 라이프 스테이지의 변화를 명확하게 알 수 없는 경우도 많습니다. 결혼이라는 것이 명확하지 않은 이상, 다양한 데이터를 조합해 결혼과 마찬가지로 라이프 스테이지의 변화를 파악하고 보험 가입에 도달하는 시그널을 모읍니다(결혼을 예측하는 것이 아니라 어디까지나 보험 가입 의향을 예측하는 것이 목적이라는 점에 주의합니다).

예를 들면 보험 상품의 웹 광고 클릭 유무, 자사 홈페이지의 결혼 관련 페이지 열람 유무·열람 시간·열람 페이지 수, 기존 보험 계약의 이름 변경, 주소 변경 유무, 자료 청구 유무 등 고객 데이터에 플랫폼에 저장된 다양한 데이터를 조합해서 활용합니다. 예측을 위해 이런 여러 데이터 항목(특징량이라 부릅니다)을 사용해 수리적으로 점수를 계산하는 것이 바로 머신러닝을 사용한 스코어링입니다(그림 2.5.13).

(알고리즘에 의존하기는 하나) 머신러닝의 결과 점수는 소수점 단위까지 자세히 계산되므로, 그 결과를 내림차순으로 정렬해 점수가 높은 것부터 우선 리스트에 추가한 뒤 콜센터를 통해 전화를 하는 등으로 사용할 수 있습니다.

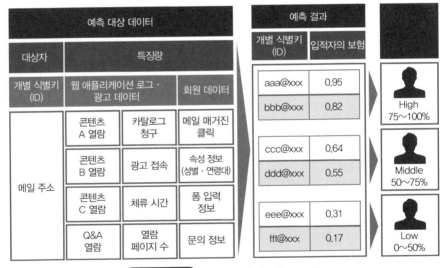

▶ 그림 2.5.13 머신러닝을 사용한 스코어링

규칙 기반 스코어링과 머신러닝을 사용한 스코어링은 각각 장단점을 갖습니다. 어떤 방식을 사용해야 할지 망설여진다면 보험 회사 예시에서 살펴본 것처럼 특징량의 많고 적음을 하나의 판단 기준으로 사용할 수 있습니다.

수많은 특징량에 대해 수작업으로 규칙에 기반해 세세하게 가중치를 부여하기란 현실적으로 녹록치 않습니다. 머신러닝 모델을 사용하면 알고리즘에 따라 특징량 취사선택과 가중치 부여를 자동으로 수행할 수 있습니다.

한편, 머신러닝을 사용한 스코어링은 수많은 특징량을 사용해 예측하므로 예측 정확도는 높지만, 그 점수가 나오게 된 이유를 합리적으로 설명하기 어려울 수 있습니다. 수리적인 알고리즘을 데이터 사이언티스트가 아닌 사람이 설명하기는 매우 어려우므로 비즈니스 현장에서는 보다 설명하기 쉬운 규칙 기반 스코어링을 선호한다는 점도 이해해 두면 좋습니다.

'가공되지 않은' 데이터 다루기

머신러닝 프로젝트에 참여해 본 경험이 있다면 '데이터 준비가 80%'라는 말을 들어봤을 것입니다. 이것은 데이터 분석을 시작하기 전, 전처리에 드는 시간이 전체 분석 시간의 80%를 차지한다는 말입니다. 전처리란 디지털 클렌징, 결합, 데이터 인리치먼트(data enrichment), 특징량 엔지니어링 등 집계나 수리적인 모델링을 수행하기 전의 처리를 가리킵니다.

대부분의 독자들이 이 통설은 올바르다고 고개를 끄덕일 것입니다. 데이터가 깔끔하게 정리된 경우는 많지 않습니다. 오히려 전처리가 필요하지 않은 데이터는 거의 없으며 쓰레기에 가까울 정도로 데이터가 뒤섞여 있는 경우도 흔합니다. 데이터를 활용해 보다 큰 비즈니스 성과를 얻어야 하는데, 데이터 전처리를 올바르게 수행하지 못해 되려 더 잘못된 해석을 하는 경우도 많습니다.

일반적으로 '결손값'과 '이상값'을 먼저 확인해야 합니다. 한 가지 예를 들어보겠습니다. 어떤 상품 카테고리를 작은 카테고리별로 분류하고, 작은 카테고리별 매출 변화를 매장별로 확인하려 합니다. 그런데 데이터를 확인하는 도중 일부 레코드에 카테고리 데이터가 들어 있지 않고, 매출 총액과 작은 카테고리별 매출 누계에 오차가 발생했음을 알게 됐습니다. 이 상태에서는 결손된 데이터의 많고 적음에 따라 매장별 인기 상품의 추이에 편차가 발생할 가능성이 있으므로, 그 실태를 조사한 뒤 수정 방법을 판단하고 대응해야 합니다 (그림 2.5.14).

[구체 사례] 자사 EC 사이트의 상품 구매 데이터에서 '상품 카테고리'별 매출을 집계하고 싶지만, '상품 카테고리'에 공백 레코드가 있는 경우

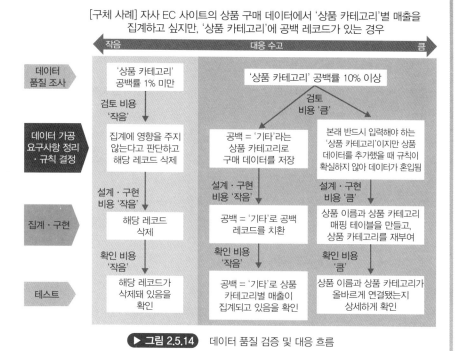

▶ 그림 2.5.14 데이터 품질 검증 및 대응 흐름

이상값도 마찬가지로 처리합니다. 예를 들면 리테일 체인점에서 매장 방문 빈도가 월에 100번이 넘는 고객이 존재한다고 할 때, 전매를 목적으로 하는 업자가 특매품을 사재기하는 경우라고 볼 수 있습니다. 이런 데이터는 충성 고객 분석에서는 제외해야 합니다(반대로 부정 사용 검지나 특전 제외 리스트 작성 등의 목적에서는 필요합니다). 이상값을 식별하는 데는 데이터 분포를 산포도(scatter diagram)나 히스토그램(histogram)으로 확인하면 효과적입니다.

이렇게 어느 정도 정해진 형태로 보면 충분한가? 라고 질문하면 그렇지는 않습니다. 데이터를 집계한 결과로부터 나타나는 경향이나 특징을 민감하게 눈치채고, 어떤 의미를 부여할지 결정하기 위해서는 업무 지식도 조합한 해석과 분석이 필요합니다(그림 2.5.15).

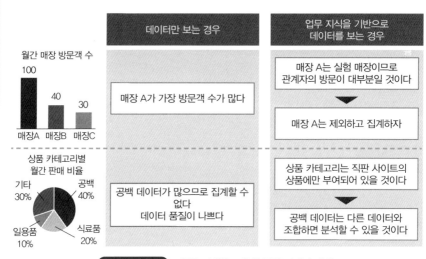

데이터만 보는 경우

업무 지식을 기반으로
데이터를 보는 경우

월간 매장 방문객 수

매장 A가 가장 방문객 수가 많다

매장 A는 실험 매장이므로
관계자의 방문이 대부분일 것이다

매장 A는 제외하고 집계하자

상품 카테고리별
월간 판매 비율

공백 데이터가 많으므로 집계할 수
없다
데이터 품질이 나쁘다

상품 카테고리는 직판 사이트의
상품에만 부여되어 있을 것이다

공백 데이터는 다른 데이터와
조합하면 분석할 수 있을 것이다

▶ 그림 2.5.15 업무 지식을 조합한 분석 결과의 해석

사소한 데이터의 이상이 발생했거나 위화감을 느꼈을 때는 비즈니스 관점에서 타당성을 확인하고 데이터 정확성을 의심하거나, 반대로 데이터를 통해 얻은 새로운 시사점으로써 인식할 것인지 판단하기 위해서는 일정 수준 이상의 경험이 필요합니다. 머신러닝을 사용할 때는 그 배경에 관해 합리적으로 설명하기 어렵기 때문에 작은 위화감도 놓치지 않도록 주의해야 합니다.

데이터 분석은 좋은 요리에 비유할 수 있습니다. 가공되지 않은 데이터는 식재료이며, 철저한 전처리를 하지 않으면 맛있는 요리를 만들 수 없습니다. 식재료의 일부를 잘라내서 버려야 하는가(제외), 잘 씻어야 하는가(수치를 반올림하거나 평균을 취하는 등)와 같이 식재료별로 올바르게 다듬어야 합니다. 그리고 조리 방법도 다양하며 굽기, 삶기(더하기, 평균 구하기) 등 다양한 방법이 있습니다.

데이터는 가공되지 않은 것이므로 다룰 때 주의해야 합니다. 일반적인 방법은 지키면서 실제로는 거기에 머무르지 않는 데이터와 비즈니스에 대한 이해를 익혀 올바르게 활용하도록 해야 합니다.

제2장 확인 리스트

고객 플랫폼 구축·고객 데이터 분석 확인 항목	확인		참조 항목
고객 데이터 통합 및 분석이 요구되는 배경을 충분하게 이해하고 있다		→	2.1
고객 데이터 분석에 필요한 고객 데이터 플랫폼(Customer Data Platform, CDP)에 관한 지식을 갖고 있다		→	2.2
고객 데이터 플랫폼과 일반적인 업무 시스템과의 차이가 고객 데이터 플랫폼 구축 프로젝트 관계자 사이에 공유되어 있다		→	2.3
고객 데이터 플랫폼 구축 및 운용·유지보수에 대해 각 부문의 역할이 명확하게 되어 있다		→	2.3
데이터 평가, 수집할 데이터의 요구사항 정의에 너무 많은 시간을 들이지 않는다		→	2.3
고객 데이터를 통합하기 위한 결합에 관해 이해하고 있다		→	2.3
데이터 활용을 위한 사용 목적 제시 상태를 적절하게 관리할 수 있다		→	2.3
BI(Business Intelligence) 환경을 구축하는 접근 방식을 정리할 수 있다		→	2.3
고객 데이터 플랫폼을 구축할 때 미리 고려해야 할 사항들을 감안한 상태에서 일정을 세울 수 있다		→	2.4
고객 데이터를 활용해 고객을 '분류'하는 방법을 이해하고 있다		→	2.5
RFM 분석, 클러스터 분석 등을 사용해 고객을 특징에 맞춰 분류할 수 있다		→	2.5
고객 데이터를 활용해 고객의 행동을 '예측'하는 방법을 이해하고 있다		→	2.5
규칙 기반 스코어링과 머신러닝을 사용한 스코어링을 적절히 구분해서 사용할 수 있다		→	2.5

제 **3** 장

기업 안의 변혁을 시도하기

3.1 조직 변혁 · 인재 육성이라는 함정

승조원이 없는 배는 그저 깡통일 뿐이다

2장까지는 이상적인 고객 경험이 무엇인지와 이해에 필요한 데이터 플랫폼과 관련된 사고 방식에 관해 소개했습니다. 데이터 활용을 망망대해에 비유하면 이상적인 고객 경험은 아름다운 선체, 데이터 플랫폼은 배의 동력부에 비유할 수 있습니다. 많은 경영자나 프로젝트 리더는 이 훌륭한 배가 완성되면 반드시 항해는 성공할 것이라고 믿는 경향이 있습니다.

하지만 아무리 훌륭한 선체가 있더라도 배는 앞으로 나가지 않고, 경우에 따라서는 항구를 나서지도 못한 채 항해가 실패로 끝나기도 합니다. 이런 상황이 벌어진 원인으로 조직 혹은 인재 준비 부족인 경우가 있습니다.

배의 승조원에 관해 생각해 봅시다. 항해사가 없다면 나아갈 방향으로 배의 키를 돌릴 수 없고, 기관사가 없으면 엔진을 조정하거나 정비할 수 없습니다. 즉, 고객 경험이나 데이터 플랫폼이라는 멋진 배는 승조원이 없다면 그저 '깡통'일 뿐입니다(그림 3.1.1).

조직 변혁에 대한 경영층의 안이한 생각

실패를 한 많은 기업이 새로운 노력에 필요한 조직 변혁이나 인재 육성을 전혀 고려하지 않은 것은 아닙니다. 많은 기업이 데이터 활용을 위해 조직을 개편하고 업무 변혁에 노력합니다. 하지만 경영층으로부터 현장에 이르기까지 일관적인 의식 · 목적을 갖고, 그것을 달성하기 위해 노력한다고 말할 수는 없습니다. 좋은 성과를 얻지 못하는 기업은 노력에 관한 이상과 실제 노력의 실상이 어긋나는 상황에 있을 것입니다.

본래 데이터 활용이란 그 기업이 가진 데이터라는 자산을 빠짐없이 활용하는 것입니다. 일부 부문이 데이터 활용에 부정적이거나, 목적 의식이 어긋나면 그 결과는 크게 줄어들고 맙니다.

이런 기업에서는 데이터 활용의 효과를 얻기 어려울 수밖에 없습니다. 비단 데이터 활용뿐만 아니라 어떤 노력이든 들인 수고에 비해 효과가 나타나지 않는다면 직원의 변혁 의욕은 사그라듭니다. 최악의 경우 도입한 데이터 플랫폼은 사용되지 않고, 기존 업무로 돌아가 버리는 상황이 발생할 것입니다.

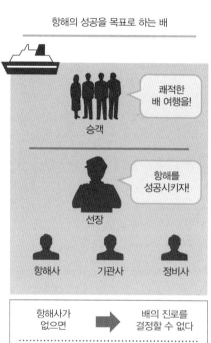

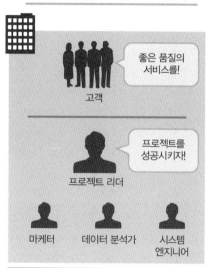

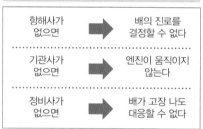

▶ 그림 3.1.1 데이터 활용에 필요한 인재와 조직 구성(배 vs. 기업)

필요 이상으로 조직이나 인재에 대해 불안을 느껴도 진행되지 않는다

한편 조직 변혁에 대해 필요 이상의 우려를 안고 있어 데이터 활용이 진행되지 않는, 즉, 배가 항구를 떠나지 못하는 경우도 있습니다.

데이터 활용을 진행하기 위해 많은 기업이 필요한 스킬·역량을 가진 인재 확보를 과제로 하고 있습니다. 데이터 분석가나 데이터 사이언티스트 등의 전문가가 좋은 예입니다.

이 책을 집필하는 시점에서 자사 안에 우수한 데이터 분석 팀을 갖고 있는 기업은 많지 않습니다. 데이터 분석을 위해서는 많은 기업이 분석가를 새롭게 확보해야만 합니다. 또한 전사 단위의 데이터 분석을 수행하려면 일정 규모 이상으로 스킬을 가진 인재를 모아야 합니다. 하지만 만약 데이터 활용을 위한 노력이 실패로 끝난다면, 채용에 투자한 막대한 시간과 비용 회수 및 향후 분석팀 운용에 대한 문제가 남습니다. 이런 리스크를 너무 깊이 고려함으로 인해 데이터 활용 그 자체를 추진할 수 없다는 생각에 빠지게 되기도 합니다.

적절한 목표 설정과 목표를 실현하기 위한 구조가 중요하다

이번 절에서는 안이한 인식이나 필요 이상의 우려는 데이터 활용을 위해 필요한 조직 변혁에 장애가 된다는 점에 관해 설명했습니다. 여러분 중에도 이런 좋지 않은 경험을 한 분들이 있을 것입니다.

그래서 3장에서는 실제 기업이 안고 있는 과제를 다루면서 이들을 해결하기 위한 사고 방식에 관해 구체적으로 살펴봅니다. 데이터를 활용해 고객 경험을 고도화하는 것이 목적이므로 사업 부문(마케팅 부문이나 경영 기획 부문), IT 부문과 같은 업무상 고객 데이터나 고객 커뮤니케이션에 관련된 부문의 사례들을 살펴봅니다.

3장은 전반과 후반으로 나눠져 있습니다. 전반에는 조직의 목표 설정이나 목표를 실행하는 부문의 역할 설계(조직을 움직이기 위한 KGI·KPI)에 관해 설명합니다. 후반에는 목표로 하는 조직의 자세를 실현하기 위한 현실적인 단계와 방법(조직 연계와 인재 육성)에 관해 소개합니다.

3.2 조직을 움직이기 위한 KGI·KPI 설계

KPI 운용 자체가 목적이 아니다

이번 절에서는 조직을 움직이기 위한 목적 의식 통일에 관해 설명합니다. 기업 전체의 관점에서 데이터 활용 목적은 대부분 수익 확대 또는 비용 절감입니다. 현재는 많은 기업이 그런 목적을 달성하거나 관리하기 위해 KGI·KPI를 설정합니다. 부문 단위로 보더라도 KPI가 확실하게 정리돼 데이터를 활용한 이니셔티브에 의해 목표로 하는 효과를 위해 노력을 수행합니다. 실제로 우리(인큐데이터)가 클라이언트와 이야기를 나눌 때도 클라이언트로부터 '우리는 확실하게 KPI를 정해서 운용하고 있습니다'라는 대답을 듣습니다.

하지만 실상은 KPI가 정리돼 있지만 운용은 되지 않는, 혹은 부문별로 KPI를 정리·달성하고 있음에도 불구하고 수익은 향상되지 않는 경우도 있습니다.

하향식(Top-Down)으로 시작된 고객 커뮤니케이션 개혁

KPI가 운용되지 않고, 목표가 달성되지 않는 이유는 무엇일까요? 대부분은 조직의 기능과 KGI·KPI가 잘 연계되지 않기 때문입니다.

각 부문의 데이터를 통합해서 고객 속성을 정교하게 만들어 커뮤니케이션 이니셔티브를 개선하고자 노력했지만 실패한 기업의 케이스를 살펴봅시다.

어떤 소비재 제조 기업이 있습니다. 이 기업에서는 본래 마케팅 이니셔티브로서 상품 단위의 고객 커뮤니케이션을 했습니다. 예를 들면 신상품이 발매됐을 때 SNS나 TV 광고를 송출하고, 자사 홈페이지를 방문한 고객을 EC 사이트로 유도합니다. 일반적인 기존의 커뮤니케이션 방법이라 할 수 있을 것입니다. 한편 광고 이니셔티브의 효과가 시각화 되지 않는다는 과제, 그리고 광고 등을 송출해도 정기 구입으로 이어지지 않는다는 과제 역시 기존과 달라지지 않은 상태였습니다.

그래서 자사 홈페이지나 EC 사이트에 흩어져 있는 데이터를 통합하고 각 고객의 특징을 분석함으로써, 지금까지 채널별로 통일된 느낌이 없던 광고, 캠페인 이니셔티브, 추천으로의 유도를 최적화해 나갈 수 있었습니다.

이 노력은 경영층에서 하향식으로 시작됐습니다. 전사 경영 기획 부문이 노력을 추진하고 있었기 때문에 큰 효과를 낳을 것이라는 기대가 모였습니다.

⊙ 전사적인 수익 향상을 기대했지만…

하지만 일정 기간 이니셔티브를 수행한 뒤 효과를 측정한 결과, 수익 향상률은 가정했던 것보다 훨씬 낮았습니다. 그 원인을 파악하기 위해 경영 기획 부문의 총괄 담당자는 지금까지 운용했던 KPI 달성 상황을 확인합니다. 확인 결과 노력을 수행하기 전인 전년에 비해 CVR(전환율) 등이 향상됐으며, 각 부문 단위로 봤을 때 KPI는 향상률은 올랐지만 전사적으로 봤을 때의 수익 향상률로는 이어지지 않았음을 알았습니다.

수익이 향상되지 않은 원인 ①: KPI의 부정합(不整合)

부문 단위의 KPI를 해석해 보니 광고 등의 이니셔티브에 대해 부문별 KPI가 설정돼 있었으며, 고객 유입 수나 CVR도 확실하게 평가하고 있었습니다. 부문별로 KPI가 설정돼 있는데 수익 향상으로 연결되지 않은 이유는 무엇일까? 각 부문 사이의 KPI가 연계되지 않았던 것이 원인이었습니다.

이 기업에서는 구체적으로 자사 홈페이지와 EC 사이트 관리 부문 사이에서 문제가 발생했습니다. 일반적으로 EC 사이트에서의 구입자 수를 늘리기 위해서는 먼저 자사 홈페이지로의 방문자 수를 증가시켜 모수를 늘립니다. 이후 EC 사이트로 유도한 뒤 이탈자를 억제함으로써 구입자를 늘려 나갑니다. 이 사고 방식에 따라 홈페이지 관리 부문은 홈페이지의 열람자 수 증가를 KPI로 잡았고, EC 사이트의 관리 부문은 EC 사이트로 유입한 고객의 감소율 억제를 KPI로 설정했습니다.

결과는 어땠을까요? 자사 홈페이지 관리 부문은 열람자 수를 늘리는 데 주력한 이니셔티브를 전개했습니다(예: 홈페이지 안에서 유명인이 출연하는 오리지널 동영상을 전개한다). 본래는 'EC 사이트를 방문할 가능성이 높은·고객'을 많이 늘리는 것이 중요했을 것입니다. 이에 대한 인식이 얕은 상태에서 이니셔티브를 전개한 결과, 자사 홈페이지 방문자 수는 확실하게 늘었지만 이들은 EC 사이트로 유입되지 않았습니다. EC 사이트 관리 부문은 유입된 고객의 이탈율을 낮추는 데만 주력했으므로 결과적으로 구매자가 좀처럼 증가하지 않은 원인이 감춰져 버렸습니다(그림 3.2.1).

상당히 극단적인 예이지만 독자 여러분이 이런 사업 부문에 속해 있으면 언제든 KPI가 설정돼 있다는 것에 안심하고, 과제의 본질을 간과하게 됩니다. 그리고 일단 설정된 KPI가 운용되기 시작하면 그 KPI 달성을 위해 주력해야 하고, KPI를 미달성한 과제는 붙잡고 있으면서도 KPI 자체의 문제에 관해서는 검토할 기회를 놓치게 됩니다.

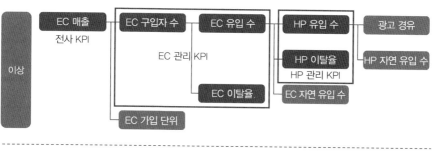

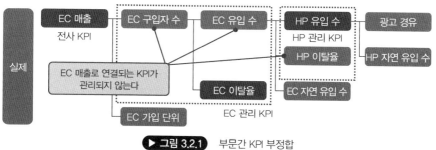

▶ 그림 3.2.1 부문간 KPI 부정합

One to One 마케팅 이니셔티브로의 노력 변혁

다른 제조 기업의 사례를 하나 더 살펴봅니다. 이 기업은 사업 부문별로 상품을 기획, 관리하고 있으며 지금까지는 상품 단위로 브랜딩 광고에 주력한 이니셔티브를 전개해 왔습니다. 이런 마케팅이나 브랜딩 문화가 널리 퍼져 있는 상태에서 경영층이 EC 사이트에 주력해야 한다고 판단함에 따라, EC 사이트를 주체로 삼아 채널 단위로 온라인에서의 고객 커뮤니케이션 이니셔티브를 시작하는 노력을 하게 됐습니다.

프로젝트의 주체는 EC 사이트 관리 부문이지만 동시에 각 사업 부문도 협력하는 체제가 만들어져 전사적인 노력을 추진하게 됐습니다. 그 노력 자체는 기업 전체가 연계된 이상적인 시작이었으며, 실제로 EC 사이트로의 유입을 늘리기 위해 각 사업 부문이 연계해 광고 이니셔티브를 시작했습니다. 그러나 시간이 지나자 각 사업 부문은 기존과 다르지 않은 상품 축을 중심으로 하는 브랜딩에 주력하게 돼, 채널 사이의 연계된 커뮤니케이션을 할 수 없게 됐습니다.

수익이 향상되지 않은 원인 ②: KPI 중복

이런 결과를 낳은 원인은 KPI 관리 중복에 의한 부문 간 수익 충돌이었습니다(그림 3.2.2). EC 사이트 관리 부문은 독자적으로 LINE 공식 계정을 개발했고, 한 기업 안에 여러 LINE 공식 계정이 만들어져 소비자의 혼란을 부추기는 결과를 낳았습니다. KPI 중복의 주된 원인은 프로젝트를 둘러싼 구성원이었습니다. 이 프로젝트가 시작됐을 때는 당연히 킥오프 미팅을 통해 EC 사이트의 관리 부문이 주체가 되고, 각 사업 부문이 연계하여 진행하는 방식에 합의했습니다. 그러나 실질적으로 연계하는 방법을 명확하게 정의하지 않고, 프로젝트를 진행하는 도중에 어떤 방식으로든 정보를 공유하자는 수준에만 머물렀습니다. KPI의 경우에도 설계 자체는 EC 관리 부문에서 했지만, 어디까지나 프로젝트 안에서의 KPI라는 위치에만 머물렀으며, 각 사업 부문에도 완성한 KPI를 공유하는 것에만 그쳤습니다.

EC 사이트 관리 부문도, 마케팅 부문도 최종적인 목표는 매출 향상입니다. 하지만 EC 사이트의 관리 부문에서는 EC 사이트에서의 매출뿐만 아니라 매장에서의 매출도 목표 범위에 포함했습니다. 즉, 사업 부문의 입장에서 전사적인 매출을 향상할 수 있다면, 그 통로가 반드시 EC 사이트일 필요는 없었던 것입니다.

그 결과 좋은 성과를 확신할 수 없는 EC 사이트에 주력하기보다, 지금까지의 노하우를 살리기 쉬운 매장의 이니셔티브에 리소스를 할애함으로써, EC 사이트 관리 부문과 마케팅 부문이 서로 단절돼 버린 것입니다.

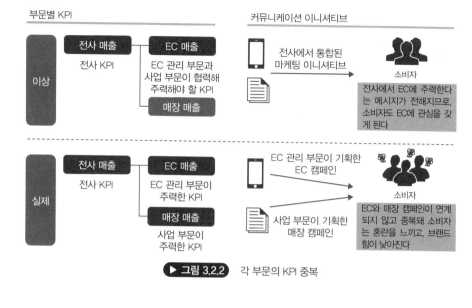

부문별 KPI

커뮤니케이션 이니셔티브

이상

전사 매출 → EC 매출

전사 KPI

EC 관리 부문과 사업 부문이 협력해 주력해야 할 KPI

매장 매출

전사에서 통합된 마케팅 이니셔티브

소비자

전사에서 EC에 주력한다는 메시지가 전해지므로, 소비자도 EC에 관심을 갖게 된다

실제

전사 매출 → EC 매출

전사 KPI

EC 관리 부문이 주력한 KPI

매장 매출

사업 부문이 주력한 KPI

EC 관리 부문이 기획한 EC 캠페인

사업 부문이 기획한 매장 캠페인

소비자

EC와 매장 캠페인이 연계되지 않고 중복돼 소비자는 혼란을 느끼고, 브랜드 힘이 낮아진다

▶ **그림 3.2.2** 각 부문의 KPI 중복

KPI 설정 및 운용에서 실패하는 요인

여기까지 KPI가 원인이 돼 프로젝트가 침투하지 못한 경우를 소개했습니다. 이런 문제는 여러분이 일하는 기업에서도 많이 발생하지 않습니까? 이 문제들을 피하기 위해서는 KPI를 어떻게 설정해야 하는지 살펴봅시다.

◉ KPI 설계 및 운용의 의의

애초에 KPI를 어떻게 설계 및 운용해야 할지 생각해 봅시다. KPI를 설정하는 목적은 '어떤 노력에 대해, 그 효과를 정량적으로 측정함으로써 목표와의 차이를 명확하게 하고, 문제점을 명확하게 도출해서 해결 방법을 구체화하는 것'입니다.

즉, KPI를 적절하게 설계하기 위해서는 다음 조건을 모두 만족해야 합니다. 그렇지 않으면 KPI의 본래 목적은 달성할 수 없습니다.

① 목표가 설정돼 있다
② 목표에 대해 그 요인이 되는 지표가 정리·분해돼 있다

당연하게 들릴 테지만 사실 이 조건들을 만족하는 경우가 적기 때문에 KPI가 형식적으로 운용되고, 한정된 영역만의 지표로 머무르게 되는 것입니다. KPI는 숫자에 지나지 않습니다. 본질은 그 숫자를 활용하는 조직의 모습입니다.

고객 경험이나 커뮤니케이션을 설계 및 관리하는 공정은 매우 복잡하기 때문에, 기업에 따라 조직의 모습은 크게 다릅니다. 따라서 절대적인 정답이 존재하지는 않습니다. 하지만 많은 기업이 조직 변혁에 대한 일반론을 자사에 무리해서 적용하려다 운용을 어렵게 만들어 버립니다. 다시 한번 KPI 관점에서 조직의 상세한 정도에 관해 생각해 봅시다.

KPI와 조직의 관계성

데이터를 활용해 고객을 깊이 분석하고, 고객 경험을 고도화하는 것이 기업에게 어떤 가치가 있을까요? 이 노력을 통해 달성하려는 목표는 무엇일까요?

여기에서의 목표는 KGI이며 그 사고 방식은 매우 간단합니다. 고객에 대한 깊은 이해, 고객 경험의 고도화는 모두 자사의 상품이나 서비스를 구입 및 지속하도록 하는 것으로, 한 마디로 표현하자면 매출 증가입니다.

'매출=고객 수×고객 단가×지속률'이며 각 지표를 분해해서 정리해 나가면 자연히 정리된 고객 이해·고객 경험(커뮤니케이션)이라는 KPI가 만들어질 것입니다. 이 자체는 매우 간결하므로 많은 분들이 즉시 곧바로 설정하고는 'KPI 검토 완료!'라고 생각할 것입니다. KPI 자체는 간단하지만 그렇기 때문에 함정이 되는 경우도 있습니다.

왜 함정이 될까요? KPI를 체계화하는 것에만 만족하고, 이후 업무에 활용하지 않게 되기 때문입니다.

KPI는 측정하는 것이 아니라 측정한 결과를 기반으로 개선 활동을 만들어 내기 위한 목적으로 운용해야 합니다. 하지만 그 결과와 개선 행동의 상세한 정도가 어긋난다면 적절하게 운용된다고 말할 수 없습니다.

예를 들면 채널에 관계없이 매출이 낮아지고 있는 경우, 각 채널별로 전환 개선의 노력을 하더라도 큰 개선을 기대할 수 없습니다.

그리고 특정 채널에서 매출이 낮아지고 있는 경우, 브랜딩 이니셔티브를 실시해도 그 비용 대비 개선 효과는 미미할 것입니다. 특정 채널에 문제가 있는데 전체를 대상으로 개선을 시도하는 것은 문제가 있는 채널에 대한 개선 효과가 작기 때문에 비용 대비 효과가 떨어지는 것입니다.

이런 문제를 억제하기 위해서는 KPI를 개선 이니셔티브를 수행하는 단위로 설계하고, 전체 KPI와 개별 KPI의 정합성을 확보해야 합니다(그림 3.2.3).

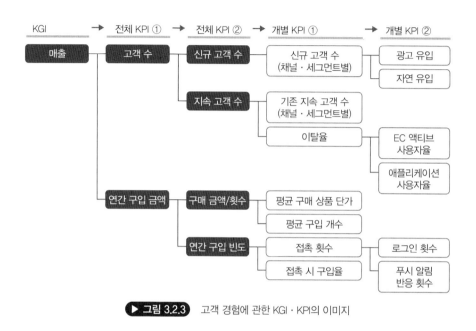

▶ 그림 3.2.3 고객 경험에 관한 KGI · KPI의 이미지

고객 경험 고도화 KPI에 대한 사고 방식과 관련 조직

KPI 설정을 위한 사고 방식은 크게 두 가지로 나눌 수 있습니다. 첫 번째는 개별 이니셔티브를 관리하기 위한 KPI, 두 번째는 매출로 연결되는 전체 이니셔티브를 관리하는 KPI입니다. 기본적으로는 두 가지 중 하나만으로 운용하는 것이 아니라, 두 가지 사고 방식을 함께 운용하는 것이 바람직합니다. 물론 각 KPI가 완전히 연계돼 있지 않은 경우는 논외이지만, 그렇지 않은 한 운용하기 쉬운 사고 방식에 따라 KPI를 활용해야 업무를 원활하게 할 수 있습니다.

그럼 각 KPI와 관련 조직의 세부 정도에 관해 생각해 봅시다.

⊙ 개별 이니셔티브 단위로 관리하기 위한 KPI

개별 이니셔티브의 KPI에 관한 사고 방식은 매우 간단합니다. 개별 이니셔티브를 실시하는 조직이나 업무 단위로 설정·관리합니다.

예를 들면 이번 회기(분기, 반기 등 정해진 기간)의 상품 전략으로 웹 광고를 발신하는 경우, 웹 마케팅 부문은 어떤 광고를 어떤 타깃에 보낼지 검토할 것입니다. 개별 이니셔티브 단위에서 KPI를 볼 때는 이 이니셔티브를 수행한 것만의 효과를 평가하게 됩니다. 웹 광고라면 클릭 수, 광고 페이지로부터 자사 사이트로 유입된 후의 회원 등록 수 등의 전환율이 그 지표가 될 것입니다.

이 KPI는 이번 회기에 개별적으로 수행한 웹 이니셔티브가 얼마나 이익이 됐는가, 다른 개별 이니셔티브에 비해 가치가 있는 노력이었는가, 광고를 집행하는 데 든 비용을 회수할 수 있었는가 등을 검토할 때 활용됩니다. 이 KPI를 기반으로 기존의 이니셔티브를 실행한 웹 마케팅 부문에서 다음 회기의 상품 이니셔티브의 개선을 수행하게 되므로 KPI를 설정하는 조직과 운용하는 조직이 동일하게 됩니다.

이렇게 개별 이니셔티브 단위로 KPI를 설정 및 운용할 때는 기본적으로 대부분 같은 조직 안에서 완결하므로, KPI가 운용되지 않는 등의 문제는 발생하지 않습니다.

⊙ 매출로 연결되는 전체 이니셔티브를 관리하기 위한 KPI

대부분의 경우 매출로 연결되는 전체 이니셔티브의 KPI는 한층 복잡해집니다. 많은 기업에서 서로 다른 조직이 채널 축의 관리와 상품·서비스 축의 관리를 수행하기 때문입니다. 한 제조사의 예를 들어 살펴봅시다.

지금까지 설명했듯 고객 경험의 KGI는 '매출=고객 수×고객 단가×지속률'입니다. 하지만 KGI를 매출로 설정하는 조직은 사업 부문만이 아닙니다. 제조사에서는 상품을 제조하기 위해 원가 계산이나 가동 관리 등을 하면서 계속해서 공장을 가동해야 합니다. 즉, 제조 부문이나 공장은 상품을 제조하는 데 드는 비용을 상품 매출에 따라 회수할 수 있는지 판단해야 하기 때문에 마찬가지로 매출을 KGI로 합니다.

사업 부문 역시 제조 부문이나 공장과 마찬가지로 매출을 KGI로 하지만 그 취급 방식은 크게 다릅니다. 공장의 경우 매출은 고객 수가 아니라 판매된 상품 수로 계산합니다. 즉, '매출=A 상품의 총 매출+B 상품의 총 매출+ …'입니다. 그러면 매출을 올리기 위해 사업 부문이 채널 관점의 노력을 수행하는 한편, 제조 부문은 상품 단위로 기획이나 브랜딩을 수행하게 됩니다.

실제로 이 관점의 차이가 고객 커뮤니케이션에 영향을 미친 예를 살펴봅시다. 국내의 모 제조사에서는 연령대가 낮은 사용자용 상품부터 연령대가 높은 사용자용 상품까지 폭넓은 상품을 취급하고 있습니다. 그중에서 연령대가 높은 사용자용 신상품의 매출이 오르지 않아 제조 부문에서는 해당 사용자용의 신상품을 널리 알리기 위해 광고를 강화하고 싶다고 사업 부문에 의뢰했습니다. 사업 부문도 매출을 올리는 것에는 반대하지 않기 때문에, 자신들이 운용하는 사이트나 SNS, 웹 광고 등을 통해 연령대가 높은 사용자용 상품에 대한 광고를 송출했습니다.

그 결과 연령대가 높은 사용자용 신상품의 매출은 올랐지만 반대로 연령대가 낮은 사용자용 상품의 매출은 낮아졌습니다. SNS 등의 사용 절반 이상이 연령대가 낮은 사용자였음에도 불구하고, 연령대가 높은 사용자용 상품에 관한 광고를 계속해서 송출하면서 젊은 사용자들이 흥미를 잃고 이탈했기 때문입니다.

이후 사업 부문은 SNS를 통한 광고 송출을 중단하려고 했지만, 이미 SNS를 통해 연령대가 높은 사용자들의 유입도 늘어난 상태였기 때문에 제조 부문의 합의를 얻지 못하고 명확하게 대처하지 못한 채 시간을 허비해버렸습니다(그림 3.2.4).

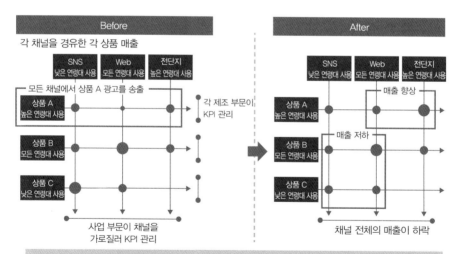

개별 상품을 위해 최적화한 이니셔티브가 아니라 채널의 고객층도 고려해 전체 최적화를 목표로 하는 마케팅 이니셔티브를 실행해야 한다

▶ 그림 3.2.4 이니셔티브의 개별 최적화 실패 예

이렇게 사업 부문, 제조 부문, 공장이 각자의 생각에 따라 KPI를 정했기 때문에, 해결책을 정하지 못하고 하나의 이니셔티브를 수행하기까지 상당한 시간이 걸리는 경우가 있습니다. 기업에 따라서는 사업 부문이 단독으로 웹 광고나 EC 사이트의 관리 부문 역할을 하기도 합니다. 그러면 사업 부문이 고객 경험을 고도화하고 매출을 올리기 위한 기능을 수행할 수 없습니다.

이처럼 조직별 매출 구성에 대한 사고 방식에 차이가 있으면 KPI의 관리를 복잡하게 만들고, 기업으로서의 움직임을 늦출 수 밖에 없습니다.

채널 단위 KPI와 상품 단위 KPI 관리 조직 패턴

복잡해지기 쉬운 KPI를 보다 투명하게 만들기 위해서는 조직을 어떻게 구성해야 할지 생각해 봅시다. 이번 항에서는 몇 가지 사고 방식 패턴을 소개합니다. 적절한 형태는 기업에 따라 다릅니다. 여러분이 속한 기업이나 조직 형태에 비춰보고 적절한 것을 찾기 바랍니다.

고객 경험 KPI를 운용하는 조직은 사업부의 마케팅 부문이나 경영 기획 부문, 상품 기획 부문, 공장, IT 부문 등 매우 다양합니다. 여기에서는 KPI를 특히 복잡하게 만드는 요인이 되는 마케팅·경영 기획 부문과 상품·서비스 기획 부문에 집중해서 설명합니다.

KPI는 개선 이니셔티브를 수행하기 위한 것이며 동시에 그 KPI를 관리하는 조직은 숫자에 관한 책임을 갖게 됩니다. 즉, 이니셔티브의 최종적인 실행에 대한 판단을 내려야 하는 것입니다. KPI와 관련해 조직이 가져야 할 바람직한 모습을 그리기 위해 마케팅·경영 기획 부문과 상품·서비스 기획 부문이 가진 판단 책임의 구분에 집중하면서 조직 구조를 정리합니다.

이 책에서는 데이터를 활용해 최적의 고객 경험을 구현하는 것을 목적으로 합니다. 따라서 상품이나 서비스가 아닌 고객을 중심으로 조직 구조를 만드는 것을 전제로 합니다.

이를 기반으로 마케팅·영업 기획과 상품·서비스 개발 부문의 책임 구분 패턴을 크게 세 가지로 나눕니다. 이 책에서는 ① 조직 병합 패턴, ② 직렬 연계 패턴, ③ 병렬 연계 패턴에 관해 설명합니다.

⊙ 소비자 관점에서의 마케팅 조직이 가져야 할 모습

세 가지 조직 패턴에 관해 생각하기 전에 오늘날 마케팅·경영 기획 부문이나 상품·서비스 개발 부문이 가져야 할 바람직한 모습에 관한 전제에서 시작합니다. 지금까지 자사 안에서의 관리라는 관점에서 개별 이니셔티브 단위의 KPI 설정·운용을 통한 수익 향상에 관해 설명했습니다. 여기에서는 소비자에게 어떤 기업이나 상품으로 인식되는가, 정말로 구입하고 싶은 느낌으로 이어지는가가 중요합니다. 명확한 의도가 없이 단순히 눈길을 사로 잡는 문구나 트렌드·모델을 활용한 광고를 송출하는 것이 아니라 자사 상품·서비스를 올바르게 인식하게 함으로써 구입 의욕을 고취해야 합니다.

그러나 오늘날 소비자들은 많은 기업이나 상품에 노출돼 생활하고 있기 때문에 인상적인 상품이나 기업이 아니면 쉽사리 인지하지 못합니다. 디지털 기술이 소비자의 생활에 침투하기 이전에는 물건을 팔기 위한 커뮤니케이션이 주체이며 '좋은 것'이 '얼마나 저렴한가'를 소비자에게 전달하는 메시지가 중심이었습니다. 그러나 이제는 여러분이 소속된 기업의 상품이나 서비스가 소비자에게 있어 얼마나 가치 있는 것인지 전달하지 않으면 구입 의욕을 자극하기 어렵습니다.

기업이 소비자에게 고객 경험을 통해 메시지를 전달하는 일은 간단하지 않습니다. 다양한 광고가 넘쳐나는 시대에 단숨에 이목을 끄는 카피라이팅 문구만을 전달하는 것은 확실함을 보장하지 않는 일시적인 유행으로만 머무르게 됩니다. 그렇다면 어떻게 해야 할까요? 메시지를 진심으로 전달하고 싶은 소비자에게 기업으로서 일관성이 있는 메시지를 계속해서 보내야 합니다.

이 메시지는 광고에만 국한되지 않습니다. 상품의 콘셉트 등을 통해 소비자에게 '이 기업은 ○○○○을 중요하게 생각하는 나에게 이렇게 멋진 상품과 서비스를 계속해서 만들어 주고 있다'고 지속적으로 생각하게 만들어야 합니다.

이를 위해서는 고객 커뮤니케이션과 상품 라인업을 통해 자사 브랜딩에 통일감을 줘야 합니다. 오랫동안 소비자에게 침투해 온 상품(예를 들면 애플의 아이폰 등)은 상품 자체뿐만 아니라 기업 자체에 대한 이미지가 굳어진 것이 많습니다. 이것은 마케팅과 브랜딩에 통일감이 있기 때문입니다.

현대 소비자에게 메시지를 전달하기 위한 이상적인 마케팅과 브랜딩을 수행한다는 것을 전제로 세 가지 조직 패턴에 관해 살펴봅니다.

⊙ ① 조직 병합 패턴

이 패턴은 마케팅·영업 기획 부문과 상품·서비스 기획 부문을 병합하고, 마케팅·영업 기획 부문 안에 상품·서비스 기획 기능을 포함하는 방법입니다. KPI에 관한 최종 책임은 병합된 조직이 함께 집니다. 이미 이 형태를 갖는 기업도 존재합니다. 여기에서는 그 장단점을 설명합니다(그림 3.2.5).

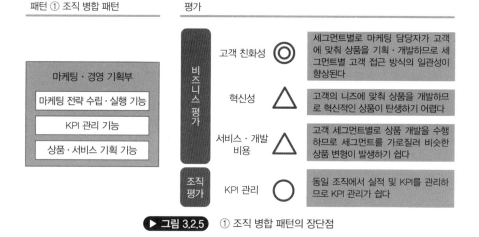

▶ 그림 3.2.5 ① 조직 병합 패턴의 장단점

먼저 장점에 관해 설명합니다. 마케팅·경영 기획 기능과 상품·서비스 기획 기능이 합쳐져 있으므로 타깃이 모호한 상품이 만들어지기 어렵다는 점을 들 수 있습니다. 오늘날에는 고객의 니즈, 흥미, 관심이 세분화돼 있으며 자신에게 최적화된 상품이라고 납득하지 않으면 소비자는 상품·서비스를 구매하지 않습니다. 그렇기 때문에 고객 관점에서 '경험 설계+상품 기획'을 함으로써 고객에 대한 커뮤니케이션과 상품 콘셉트의 어긋남을 해소하여 상품이 직접적으로 고객을 자극할 수 있게 됩니다.

하지만 고객 세그먼트를 가로지르는 상품이 만들어지기 어렵다는 단점도 있습니다. 그 결과, 실제로는 비슷한 상품임에도 불구하고 사소한 세그먼트 차이로 인해 상품이나 커뮤니케이션의 변형이 늘어나 많은 비용이 들게 됩니다.

조직 병합 패턴은 이미 상품이나 서비스 변형이 풍부하며 커스터마이즈하는 것을 전제로 하는 상품·서비스(예를 들면 PC 등)를 많이 취급하는, 모든 세그먼트를 대상으로 널리 판매하는 대표적인 상품이 없는 경우에 적합합니다. 만약 모든 세그먼트에 대해 널리 판매하는 대표적인 상품이 있다 하더라도, 특정 상품만 부문을 나눠 독립적인 마케팅 조직을 만들어 조직 병합 패턴을 구현할 수도 있습니다.

◉ ② 직렬 연계 패턴

이 패턴에서는 마케팅 · 영업 기획 부문 아래 상품 · 서비스 기획 부문을 배치합니다 (그림 3.2.6). KPI의 최종 책임은 마케팅 부문이 집니다. 때문에 상품 · 서비스 기획은 마케팅 · 영업 기획 부문의 지시를 수행합니다. 상품 · 서비스 개발에 필요한 비용 관리의 경우 비용 계획은 상품 · 서비스 기획 부문에서 수행하고, 그 판단은 마케팅 · 영업 기획 부문이 주체가 되어 수행합니다.

복잡하게 보일 수도 있지만 업무 자체는 명확하게 나뉘어 있으므로 지시 계통이 복잡해지는 상황을 피할 수 있습니다.

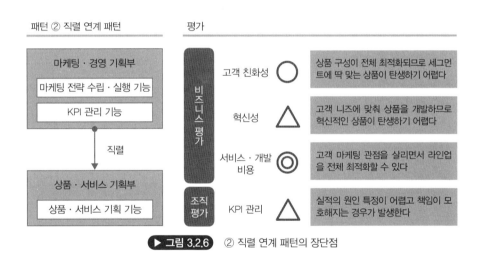

▶ 그림 3.2.6 ② 직렬 연계 패턴의 장단점

이 패턴은 기업 전체적으로 통일감이 있는 마케팅 이니셔티브나 라인업을 만들기 쉽다는 것이 장점입니다. ① 조직 병합 패턴과 같은 장점이라 생각할 수 있지만 일관성을 갖는 범위의 정도가 다릅니다. ① 조직 병합 패턴은 세그먼트 범위에서 일관성을 갖는 것에 비해 ② 직렬 연계 패턴은 기업 전체나 특정 상품 그룹과 같이 보다 넓은 범위에서 일관성을 갖습니다. 큰 범위에서의 일관성을 가짐으로써 소비자에게 기업 이미지를 보다 쉽게 침투하게 할 수 있습니다.

상품 구성이나 커뮤니케이션 이니셔티브가 전체적으로 최적화되기 때문에 각 세그먼트에 딱 들어맞는 상품이 만들어지기 어렵다는 것은 단점입니다. 기업 전체로 보면 통일감을 가질 수 있지만, 개별 상품으로 보면 구매 의욕이 강하게 일어나지 않을 수 있습니다. 이 단점은 ① 조직 병합 패턴과 역의 관계에 있습니다.

이 패턴은 자사의 대표 상품이 확실하며, 라인업이 해당 상품을 중심으로 파생돼 구성되는 경우 적합합니다.

⊙ ③ 병렬 연계 패턴

이 패턴은 마케팅·영업 기획 부문과 상품·서비스 기획 부문이 같은 재량권을 갖는 패턴입니다(그림 3.2.7). 하지만 각각 독립적으로 마케팅이나 상품 기획을 수행하는 것이 아니라, 전략 검토 단계에서는 각각 달성해야 할 마케팅 방침이나 라인업 확충 등의 방침을 정리한 뒤 양측의 의견을 조합해 하이브리드 전략을 만들어 나갑니다.

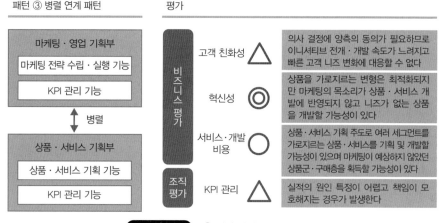

▶ 그림 3.2.7　③ 병렬 연계 패턴의 장단점

여기에서 주목할 점은 각 부문이 독립적인 재량으로 업무 범위를 수행하지 않고, 양측이 부문의 틀을 넘어 전략을 검토한다는 것입니다. 고객 관점(매출 관점)과 양산 관점(비용 관점)의 각 관점에서 검토를 수행합니다. 각 부문이 서로 업무에 관여하지 않으면 마케팅·영업 기획 부문과 상품·서비스 기획 부문의 정책이 따로 놀게 돼 고객에게 보내는 메시지의 통일감이 사라집니다.

이 패턴은 매출 관점과 비용 관점 모두에서 최적의 해결책을 얻을 수 있다는 것이 장점입니다. 마케팅 관점만 중시하면 비용 관점이 간과되고, 양산 관점만 중시하면 고객에 대한 접근이 간과되기 쉽습니다. 마케팅 부문과 상품 기획 부문의 재량권을 동등하게 함으로써 균형 잡힌 전략을 만들어 낼 수 있는 것입니다. 또한 상품·서비스 기획 부문의 정책을 채용해 세그먼트를 가로질러 기획을 하게 되면 마케팅·영업 기획 부문에서는 예상하지 못했던 상품군이나 고객층 획득으로 연결되기도 하므로 기업으로서의 지식을 축적할 수 있게 됩니다.

하지만 실제로 상품을 출시할 때까지 의논을 계속해야 하므로 결과적으로 마케팅의 정책이나 상품 개발 속도가 느려지는 것이 단점입니다. 오늘날은 소비자의 니즈가 짧은 기간에 매우 빠르게 변화하기 때문에 상품 개발이 지연된다면, 아무리 좋은 상품을 만들었더라도 소비자의 눈에 들지 않을 가능성이 있습니다.

그리고 마케팅·경영 기획 부문과 상품·서비스 기획 부문의 절충안에 따라 어중간한 정책이 만들어질 수도 있습니다. 본래 목적했던 고객에 대한 메시지가 모호해지는 경우도 많아 최종적인 의사 결정 속도나 최종 의사 결정자의 판단에 의존해야 하는 어려운 패턴이라 볼 수도 있습니다.

이 패턴은 기존 상품과 다른 새로운 사업을 만들거나 세상의 흐름에 크게 의존하지 않는 상품을 다룰 때 적합하다고 볼 수 있습니다.

◉ KPI와 조직 운용의 관계성

여기까지 KPI를 기점으로 이를 운용하는 조직에 관한 사고 방식에 관해 설명했습니다. KPI는 단순히 실적을 관리하기 위한 숫자가 아닙니다. 그 결과를 적절하게 전략으로 반영하기 위한 조직 구조와 쌍을 이루어야만 효과를 발휘합니다. 그리고 조직의 적절한 형태는 자사의 상품이나 서비스의 특징에 따라 달라집니다.

이것은 각 고객을 만족시키는 상품을 만들어 내기 위해 꼭 필요합니다. 지금까지와 같은 획일적인 고객 커뮤니케이션이 더이상 효과를 발휘하지 않는 오늘날에는 고객과 마주하기 위해 KPI와 조직 운용을 바꾸어 나가는 것이 비즈니스 발전에 필수입니다.

3.3 플랫폼 구축에서의 조직적 역할

데이터 플랫폼을 도입하는 것만으로는 잘 되지 않는다

고객 경험이나 고객 커뮤니케이션을 고도화하기 위해서는 고객을 적절하게 파악할 수 있는 데이터 플랫폼이 필요하다고 설명했습니다. 새로운 노력을 수행하기 위해 새로운 데이터 플랫폼과 도구를 도입해야 한다는 것은 의심할 여지가 없습니다.

그렇다면 데이터 플랫폼과 도구를 도입하는 것만으로 비즈니스가 발전했다는 이야기를 들어본 적이 있습니까? 혹은 데이터 플랫폼을 도입했지만 도입 이후 방치해 버려 업무에서 사용되지 않은 이야기를 가까이에서 들어본 적은 없습니까?

후자처럼 비즈니스 발전을 위해 투자를 했지만 결과적으로 업무에는 통합되지 못한 경우가 적지 않습니다. 데이터 플랫폼 도입 직후 비즈니스의 본연의 자세가 바뀌어 활용할 수 없게 되기도 하지만, 대부분의 경우는 '도입한 플랫폼과 업무가 일치하지 않았다'가 주된 이유입니다.

3.3절과 3.4절에서는 '도입한 플랫폼과 업무가 일치하지 않았다'는 상황이 발생하지 않게 하기 위해 데이터 플랫폼 및 도구와 조직의 관계성에 대해 살펴보겠습니다(그림 3.3.1). 3.3절에서는 데이터 플랫폼과 도구를 도입하는 기간, 즉, 데이터를 활용한 고객 경험 구현을 준비할 때의 조직 역할에 관해 살펴봅니다. 3.4절에서는 데이터 플랫폼과 도구 도입 후의 운용에 있어서의 조직 역할에 관해 살펴봅니다.

시스템 도입이 주제이므로 많은 내용이 IT 부문과 관계되어 있습니다. 이번 장에서 사업 부문은 시스템을 비즈니스에 활용한다고 전제합니다. 따라서 시스템 운용을 의식해 사업 부문을 주체로 간주합니다.

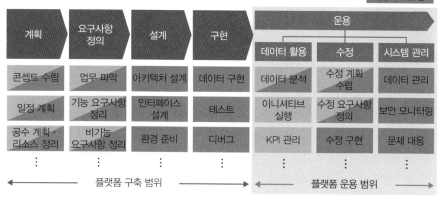

				사업 부문이 주담당이 되는 업무
				IT 부문이 주담당이 되는 업무

계획	요구사항 정의	설계	구현	운용		
				데이터 활용	수정	시스템 관리
콘셉트 수립	업무 파악	아키텍처 설계	데이터 구현	데이터 분석	수정 계획 수립	데이터 관리
일정 계획	기능 요구사항 정리	인터페이스 설계	테스트	이니셔티브 실행	수정 요구사항 정의	보안 모니터링
공수 계획· 리소스 정리	비기능 요구사항 정리	환경 준비	디버그	KPI 관리	수정 구현	문제 대응
⋮	⋮	⋮	⋮	⋮	⋮	⋮

◄──────── 플랫폼 구축 범위 ────────►   ◄──────── 플랫폼 운용 범위 ────────►

▶ 그림 3.3.1 데이터 플랫폼 운용까지의 단계와 개발 단계에서의 작업 예

시스템 도입에 관한 IT와 사업부의 접근

새롭게 시스템을 도입하는 경우, 특히 도입할 시스템의 규모가 크고 투자 규모가 클수록 도입을 둘러싼 부문이 늘어나게 됩니다. 일반적으로 시스템 도입 상신(上申)은 IT 부문에서 수행하지만, 그 과정에서 시스템을 사용하게 될 사업 부문을 중심으로 필요한 요구사항을 정리하게 됩니다.

대부분이 IT 부문, 오늘날에는 특히 DX 전략 검토 부문 등이 전사적인 시스템 활용 정책을 수립한 뒤, 실제 업무에서 활용하기 위해 사업 부문을 중심으로 논의를 진행합니다. 실제로 사용하는 측의 의견을 포함해 시스템 요구사항을 정리하고 필요한 시스템이 무엇인지 도출합니다. 많은 기업이 이 프로세스를 밟고 있을 것입니다.

◉ 서로 다가가지만 거리가 줄어들지 않는 원인

이런 프로세스를 밟고 있음에도 불구하고 실제로 운용을 했을 때 사업 부문이 시스템을 사용하지 않게 되는 이유는 무엇일까요?

두 가지 원인을 생각할 수 있습니다(그림 3.3.2). 첫 번째는 IT 부문과 사업 부문의 상호 이해 부족, 두 번째는 설계 단계 주도 주체의 불균형입니다.

첫 번째는 요구사항을 포함시켰음에도 불구하고 사실은 사업 부문이 데이터를 올바르게 이해하지 못했거나, 반대로 IT 부문이 각 업무의 의미를 정확하게 이해하지 못하는 등의 사소한 어긋남이 운용에 큰 영향을 미치는 상황에 해당합니다. 두 번째는 IT 부문이 필요 이상으로 주도권을 갖고 시스템 구축을 진행한 결과, 기능이 너무 많아지고, 결과적으로 사업 부문이 잘 사용하지 않는 불필요한 기능을 많이 가진 설계가 되는 상황에 해당합니다.

이번 절에서는 위 경우들에 관한 실례를 들면서 그 원인을 이해하고 이를 피할 수 있는 방법들에 관해 생각해 봅시다.

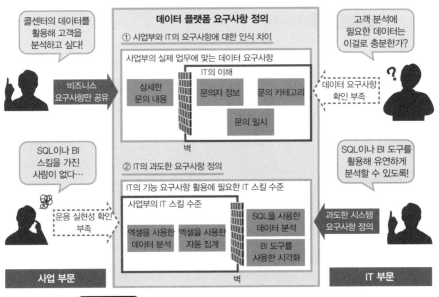

▶ 그림 3.3.2 사업 부문과 IT 부문의 상호 이해와 기댓값의 불일치

실제 운용에 견디지 못하는 데이터 플랫폼의 요구사항 정의

그 원인의 첫 번째 예로 'IT 부문과 사업 부문의 상호 이해 부족'이 발생했던 금융 서비스 제공 기업에 관해 살펴봅시다.

이 기업은 다양한 기업들이 제공하는 금융 서비스를 목록으로 볼 수 있는 온라인 플랫폼이 대두되면서, 자사 매장에서의 계약 성공률이 계속해서 낮아지는 것을 알게 됐습니다. 이에 대한 해결책으로 홈페이지를 열람하거나 문의한 고객들이 매장으로 찾아올 수 있게 하기 위한 온라인 이니셔티브를 실시하기로 했습니다. 커뮤니케이션 빈도 향상을 가장 중시해 다음과 같은 이니셔티브를 계획했습니다.

- 회원 사이트나 캠페인 사이트를 최초의 고객 접점으로 활용한다
- 회원에게 제공하는 캠페인은 획일적인 것이 아니라, 회원별 속성이나 웹에서의 행동을 적절하게 파악해 커뮤니케이션(캠페인 내용 등)을 변경한다

이 기업에서는 온라인 고객 접점으로써 매장뿐만 아니라 전화를 통한 상담에도 힘을 들이고 있었기 때문에, 문의나 상담 정보 등을 활용해 이제까지의 온라인 고객 대응의 강점을 바탕으로 온라인 이니셔티브로 연결함으로써 새로운 금융 플랫폼에 대항하는 것을 목표로 했습니다.

이를 구현하기 위해서는 마케팅 자동화 도구뿐만 아니라 고객 이해의 축이 되는 데이터 플랫폼도 필요합니다. 대규모 투자 안건으로서 DX 전략 부문이 주도하고, 실제 요구사항 정의는 자회사인 IT 기업의 주도로 사업 부문과 협업하면서 진행하는 형태가 됐습니다(그림 3.3.3).

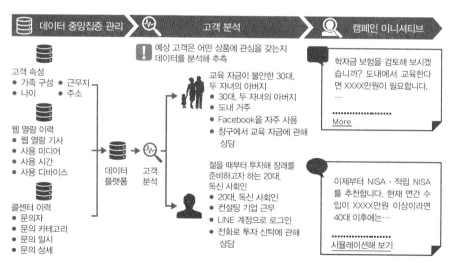

▶ **그림 3.3.3** 달성하고자 하는 데이터를 활용한 커뮤니케이션 이니셔티브

⊙ 사업 부문이 원하는 기능이 빠진 요구사항 정의

이 시스템은 어떻게 됐을까요? 사업 부문은 데이터 플랫폼을 충분하게 활용하지 못하고 기존 마케팅 자동화 도구만 운용하는 과거의 방식으로 되돌아가게 됐습니다. 그 이유가 무엇인지 생각해 봅시다. 이 시스템 구축 프로젝트에서는 다음 세 가지 역할이 등장합니다.

① 본사 사업 부문
② 실제 시스템을 구축하는 IT 자회사
③ 예산과 일정을 관리하는 본사 DX 부문

프로젝트는 본사 DX 부문에서 발족했지만 프로젝트 초기에 본사 사업 부문을 중심에 둠으로써 프로젝트 자체의 경영층 판단은 매우 원활하게 진행했습니다. 여기까지는 이상적인 형태로 진행됐다고 말할 수 있습니다.

그러나 예산이 줄어듦에 따라 IT 자회사에 개발을 위탁하는 형태로 프로젝트가 진행됐고, IT 자회사가 주체적으로 요구사항을 정의하고 본사 사업 부문과 연계해 요구사항을 조정했습니다.

본사 DX 부문이 만든 데이터 플랫폼 설계 사상을 기반으로, 본사 사업 부문이 데이터를 사용해 만들고 싶은 이니셔티브를 정리하고, 이니셔티브 실행에 필요한 데이터를 IT 자회사가 정리하면서 요구사항을 정의합니다. 실제로 요구사항 정의도 원활하게 진행됐습니다.

큰 문제는 실제 플랫폼 구축을 진행한 후 고객 대시보드에 관한 상세 요구사항을 정리하는 과정에서 발생했습니다. 다양한 고객 데이터를 통합하는 플랫폼이므로 당연히 계약 정보, 개인 정보, 전화 대응 이력 등을 모두 대시보드에 함께 표시하기를 원했습니다. 하지만 대시보드에서 시각화할 수 있는 정보는 사업 부문이 기대하던 것과 달랐습니다.

⊙ 사업 부문이 원하는 데이터 활용

구체적으로는 데이터 플랫폼에 축적된 문의 데이터(콜센터에서 출력하는 데이터)가 사업 부문에게 문제가 됐습니다. 콜센터에서 얻은 정보를 통해 고객을 충분히 이해할수 없었습니다. 콜센터에서 관리하는 데이터는 '① 문의자 정보', '② 문의 카테고리',

'③ 문의 일시', '④ 문의 상세 내용'이었습니다. ①~③은 개인 정보와 연계해 기간 계열 시스템에 관리했습니다. ④는 콜센터가 문의 대응 품질 향상을 위해 다른 시스템 벤더를 통해 독자적으로 개발한 시스템이었습니다. 즉, 처음부터 데이터가 연계되어 있지 않았습니다.

프로젝트 납기 문제, 콜센터와의 조정이 난항을 겪으면서 ④가 통합 데이터에서 빠지게 된 사실이 사업 부문에 공유되지 않았습니다. 실무 관점에서는 상세한 문의가 필요한 정보를 대시보드에서 확인할 수 없다는 것을 알게 된 것입니다.

금융 서비스에서 문의 내용은 매우 복잡합니다. 단순히 문의 카테고리만으로는 고객이 어떤 고민을 안고 있는지 파악할 수 없습니다. 문의라는 '고객의 목소리'를 고객 커뮤니케이션에 활용하기 위해서는 문의를 상세하게 분해하는 것이 필수였습니다. 이를 수행할 수 없음을 알게 된 단계에서 당초 사업 부문이 가정했던 고객 분석의 상세도가 낮아짐에 따라 고도의 분석을 전제로 한 고객 이해, 고객 커뮤니케이션 이니셔티브 수행이 불가능함을 알게 된 것입니다.

⊙ 상호 이해가 없으면 실제 운용에 견디는 시스템을 만들 수 없다

여기까지의 내용을 보면 근본적인 원인은 IT 자회사의 확인 부족이라고 생각할 수도 있습니다. 하지만 본질적으로는 IT 자회사만의 책임이 아닙니다. 사업 부문이 현재 데이터를 갖는 방법이나 데이터의 내용에 관해 적절하게 이해하지 못했던 것이 근본적인 원인이며, 전달해야 할 요구사항에 누락이 있었기 때문입니다.

물론 IT 자회사에도 문제가 있었습니다. 예를 들면 필요한 데이터가 구체적으로 업무에서 어떻게 활용되는지 이해하지 못했던 점을 들 수 있습니다. 모회사와 자회사에는 업무 연계에 벽이 존재할 때가 많습니다. 예를 들면 모회사는 자회사를 포함시켜 회의를 실시하는 문화를 갖고 있지 않기 때문에, 책임자가 누구인지는 알지만 현장의 담당자가 누구인지는 모르기도 합니다.

여느 때와 같이 IT 자회사 역시 사업부의 업무에 대해 심층 인터뷰를 수행하지 않았습니다. 또한 본사 DX 부문은 일정을 최우선으로 진행했기 때문에 사업 부문과 연계하고자 했어도 표면적인 내용밖에 공유할 수 없었던 것이 근본적인 문제라 볼 수 있습니다.

⊙ 본래 기업이 달성하고 싶은 이상적인 고객 커뮤니케이션의 구조

데이터 활용은 누군가의 일방적인 의견만으로는 실제 운용에 견디지 못합니다. 업무 요구사항을 정리할 때, 많은 기업에서 업무 담당 부문은 '하고 싶은 것'을 추출하고, IT 부문은 그것을 '아키텍처와 기능 요구사항'으로 상세화합니다. 하지만 오늘날의 복잡해지는 고객 커뮤니케이션에서는 그 '하고 싶은 것'을 정확하게 전달하기가 어렵습니다(그림 3.3.4). 그렇기 때문에 더욱 사업 부문은 데이터를 적절하게 이해해 '하고 싶은 것'을 추출하고, IT 부문은 실제 업무를 이해한 상태에서 '아키텍처'로 상세화해야만 합니다.

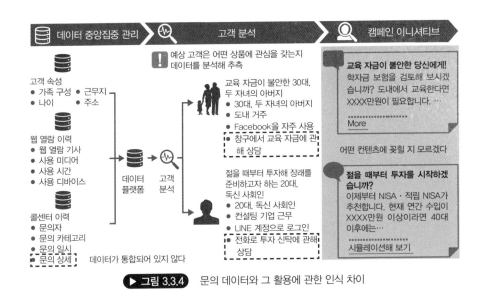

▶ **그림 3.3.4** 문의 데이터와 그 활용에 관한 인식 차이

결국 이 금융 서비스를 제공하는 기업은 새로운 데이터 플랫폼을 통해서는 '하고 싶은 것'이 불가능하다고 판단했기 때문에, 큰 투자를 해서 데이터 플랫폼을 구축했음에도 불구하고 사업 부문은 익숙하게 사용하던 기존의 마케팅 자동화 도구를 운영하는 것으로 돌아가게 됐습니다.

시스템 구축에서의 주도 균형

막상 운용을 하게 되자 사업 부문이 시스템을 사용하지 않게 된 두 번째 예로 '설계 단계에서의 주도 불균형'이 발생한 부동산 중개업자의 경우를 살펴봅시다.

이 기업에서는 현재 운용하고 있는 임대 소개 사이트에서 신규 유입자를 늘림과 동시에 임대 계약 매칭률을 높이기 위해, 고객을 깊이 이해할 수 있는 데이터 플랫폼 구축 프로젝트를 발족했습니다. 프로젝트 발족 부문은 DX 전략을 검토하는 IT 부문입니다. 이들의 주도로 실제 업무를 정교하게 정리하면서 요구사항을 정의해 나갔습니다(그림 3.3.5). IT 부문 안에는 다른 기업에서 비슷한 DX 추진을 수행했던 인재들도 있었기 때문에 업계의 최신 정보를 포함해 이상적인 요구사항을 추출했습니다.

앞의 예시와 달리 IT 부문이 사업부의 업무에 깊이 파고들어 업무를 정리했기 때문에 시스템 요구사항과 사업부의 업무에 대한 인식에 어긋남이 없고, 자사에게 이상적인 최첨단 시스템을 구축할 수 있다는 기대가 높았습니다.

하지만 실제로는 사업 부문이 구축된 데이터 플랫폼을 사용하지 못하고 끝나버렸습니다. 또한 사용하지 않는 기능이 많음에도 다른 추가 기능 개발이 진행돼 개발 비용이 계속해서 늘어났습니다.

사실 원인은 매우 단순했습니다. 사업 부문의 시스템이나 데이터에 대한 지식과 분석 스킬이 충분하지 않다는 점을 IT 부문이 파악하지 못한 것이었습니다.

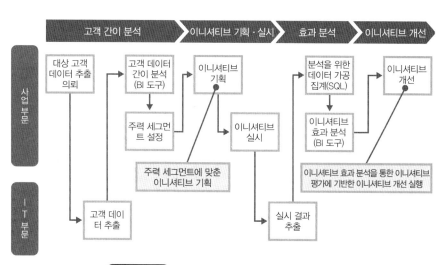

▶ 그림 3.3.5 IT 부문이 요구사항을 정의한 업무 흐름

⊙ 업무 이해뿐만 아니라 업무 담당자의 스킬에 대해서도 이해하기

데이터 활용이 기업에게 중요하다는 인식이 퍼지기 전에는 사업 부문이 분석하고 싶은 내용을 IT 부문이나 분석가에게 의뢰하고, 이들이 분석을 수행하면 그 결과를 사업 부문이 받아 이니셔티브를 검토하는 것이 일반적인 흐름이었습니다. 하지만 오늘날에는 고객 커뮤니케이션 이니셔티브를 얼마나 빠르게 실시하는가가 중요하며, 사업부의 마케터가 직접 다룰 수 있는 데이터 플랫폼, 분석 환경을 구축하는 경우도 적지 않습니다.

위 사상에 따라 이 기업에서는 마케터가 직접 데이터를 다루면서 분석을 수행하도록 기능 설계가 진행됐습니다. 물론 데이터를 다루는 이미지는 사업 부문에서 공유되어 있었지만 IT 부문이 주체가 돼 검토했습니다. 그 리뷰를 사업 부문이 수행하는 구도였으므로 '이것은 될 것 같다'가 아니라 '이런 것이 됐으면 좋겠다'는 사업 부문의 생각만으로 진행됐습니다.

그 결과 데이터 플랫폼과 분석 환경을 릴리스했지만 마케터는 직접 간단한 분석을 수행할 수 없어, 마케터 자신이 데이터를 다룰 수 없었습니다. 릴리스 후에도 IT 부문이 보다 쉽게 사용할 수 있도록 다양한 분석 기능을 추구했지만 마케터에게는 복잡해지기만 하는 것으로 보여 분석 환경을 사용하지 않게 된 것입니다.

⊙ 담당자의 스킬 수준을 간과한 결말

분석뿐만 아니라 캠페인 등 사이트 안의 정보를 송출할 때도 데이터 플랫폼에 축적한 많은 고객 행동 로그를 다각적으로 확인해, 다양한 세그먼트에 맞춘 배너 표시, 팝업 메시지, 챗봇 기능까지 설계됐습니다.

하지만 아무리 상세하게 세그먼트를 나눠도 마케터는 광고의 크리에이티브를 준비해 세그먼트별로 적절하게 나누는 것을 검토할 수 없었습니다. 세분화된 세그먼트와 같은 크리에이티브를 만드는 용도로만 운용됐으며 데이터 플랫폼을 충분하게 활용하게 됐다고는 말할 수 없게 된 것입니다(그림 3.3.6).

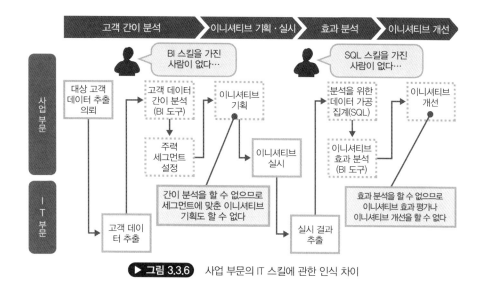

플랫폼 구축에서의 IT 부문과 사업 부문의 올바른 역할

지금까지 데이터 플랫폼 구축에서의 실패 사례들을 소개했습니다. 실패했다는 결과만 보면 그 원인은 IT 부문과 사업 부문의 연계 부족이라고 말할 수 있습니다. 이런 연계 부족이 일어나는 이유는 무엇일까요? 그것은 올바른 역할이 매칭되지 않았기 때문일 것입니다.

데이터 플랫폼을 도입할 때, 고객 커뮤니케이션이 복잡해짐과 동시에 기존보다 더 깊이 있는 전략을 짜서 설계해야 합니다. 각 고객과 최적의 커뮤니케이션을 하기 위해서는 마케터가 확실하게 활용할 수 있는 데이터 플랫폼이 필요합니다. 마케터 스스로 최첨단 시스템을 잘 활용하기 위한 스킬을 확보해야 하며, 고객 경험이나 커뮤니케이션의 최적의 해결책은 기업에 따라 다릅니다.

사업 부문과 IT 부문이 서로 소통하면서 비로소 이해를 높일 수 있습니다. 사업 부문은 데이터나 아키텍처를 이해하고, IT 부문은 마케팅의 실제 업무를 이해해야 합니다(그림 3.3.7).

3.3절에서는 데이터 플랫폼 구축에서의 각 부문의 역할에 관해 설명했습니다. 3.4절에서는 구축 후의 역할에 관해 살펴보려 합니다. 운용 중에는 사업 부문이 주역이 되므로 사업 부문을 중심으로 한 역할에 관해 사례를 들면서 설명합니다.

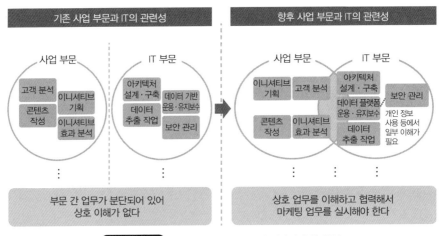

▶ 그림 3.3.7 사업 부문과 IT 부문이 다가가야 할 영역

3.4 고객 커뮤니케이션 이니셔티브 운용을 위한 조직적 역할

사업부가 직접 데이터를 다루는 환경으로의 변화

3.3절에서는 데이터 플랫폼 등의 시스템 도입에서의 IT 부문과 사업 부문의 역할에 대한 사고 방식에 관해 살펴봤습니다. 3.4절에서는 시스템 도입 후 운용에서의 조직 역할에 관해 설명합니다(그림 3.4.1).

데이터 플랫폼을 운용하는 주체는 실무 담당자, 즉, 사업 부문이 주축이 됩니다. 지금까지 설명한 것처럼 데이터를 활용해 고객 경험을 설계하고 커뮤니케이션을 고도화하기 위해서는 사업 부문이 분석하고 싶은 내용을 IT 부문에게 전달하고, 분석가의 분석 결과를 사업 부문이 받아 커뮤니케이션 이니셔티브에 활용하는 것이 일반적이었습니다. 하지만 이제는 보다 신속한 이니셔티브 전개를 위해 사업 부문이 직접 데이터를 다룰 기회가 늘어나고 있습니다.

이번 절에서는 사업 부문이 직접 데이터를 다루기 위한 관계 부문과의 역할에 대한 사고 방식에 관해 설명합니다. 사업 부문과 IT 부문의 연계뿐만 아니라 사업 부문과 현장(매장이나 현장 스태프 등)과의 연계, 사업 부문 안에서의 역할 정리 등이 중요합니다. 이들을 간과하면 전혀 예상치 못한 문제들도 발생합니다.

실제 사례를 통해 다음 내용에 관해 소개합니다.

- 리테일 사업자에서의 사업 부문과 IT 부문에서의 운용 문제
- 보험 회사의 사업 부문 안에서의 운용 문제

각 경우에서 운용 중인 조직 기능의 올바른 모습에 관해 생각해 봅시다.

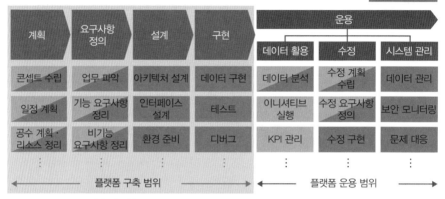

				사업 부문이 주담당이 되는 업무
				IT 부문이 주담당이 되는 업무

계획	요구사항 정의	설계	구현	운용		
				데이터 활용	수정	시스템 관리
콘셉트 수립	업무 파악	아키텍처 설계	데이터 구현	데이터 분석	수정 계획 수립	데이터 관리
일정 계획	기능 요구사항 정리	인터페이스 설계	테스트	이니셔티브 실행	수정 요구사항 정의	보안 모니터링
공수 계획· 리소스 정리	비기능 요구사항 정리	환경 준비	디버그	KPI 관리	수정 구현	문제 대응
⋮		⋮		⋮	⋮	⋮
← 플랫폼 구축 범위 →				← 플랫폼 운용 범위 →		

▶ **그림 3.4.1**　데이터 플랫폼 운영까지의 단계 외 운용 단계의 작업

사업 부문이 직접 데이터를 다루고 분석하는 환경 창출

여기에서는 리테일 사업자에게서 발생했던 사업 부문과 IT 부문 사이의 문제에 관해 소개합니다.

이 기업도 이제까지의 기업들과 마찬가지로 데이터를 활용한 신규 고객 개척, 특히 온라인에서의 고객 모집을 위해 다양한 광고 이니셔티브를 전개하기 위해 데이터 플랫폼을 도입하고, 사업 부문의 마케터가 직접 분석할 수 있는 환경을 구축했습니다. 실제로 데이터 플랫폼을 도입할 때는 사업 부문이 적극적으로 하고 싶은 것을 추출하면서 데이터에 대한 이해를 높였으므로, 플랫폼 도입 후 운용되지 않는 상황은 일어나지 않았습니다. 오히려 사업 부문이 솔선해서 새로운 활용 방법을 검토하는 이상적인 형태로 발전했습니다.

많은 마케터가 이전부터 데이터 활용의 중요성에 관해 이해하고 있었기 때문에, 활용의 여지가 조금이라도 있는 데이터는 마케터들이 솔선해서 연구하고 새로운 활용 정책을 검토했습니다. 이니셔티브를 창출하는 마케터가 직접 데이터를 다루는 이상적인 환경이라 할 수 있을 것입니다.

그렇다면 무엇이 문제였을까요? 바로 데이터를 다루는 자유도가 과도하게 높은 것이었습니다. 즉, 데이터 거버넌스(data governance)가 동작할 수 없는 환경이 문제였습니다.

◉ 마케터의 데이터 거버넌스

앞서 소개한 모든 사례들은 데이터를 활용할 수 있다는 전제로 이야기를 진행했습니다. 당연히 자사의 데이터를 통합해서 활용하려면 활용 이전의 데이터에 가치가 있어야만 합니다. 신뢰할 수 있는 데이터 소스가 존재하고, 필요한 클렌징을 수행한 뒤에야 통합할 가치가 생깁니다. 따라서 커뮤니케이션 이니셔티브로서 실행하고 싶은 것이 있더라도 그 이니셔티브를 정말로 실현할 수 있는지 데이터에 비추어 가능성을 확인해야 합니다.

이 리테일 사업자는 데이터 플랫폼을 도입한 결과, 마케터가 데이터와 시스템에 깊이 관여하는 동시에 분석을 위한 코딩까지 직접 수행하게 됐습니다. 이 방식 자체는 훌륭했지만 마케터가 분석에 필요한 데이터를 직접 다루는 것, 즉 마케터의 본분을 뛰어 넘어 IT 부문과 연계하지 않고 데이터를 독자적으로 이해하고 해석해 집계 · 가공하게 한 것이 문제였습니다.

마케터는 한 명이 아닙니다. 여러 마케터들이 각자 보고 싶은 범위에서 분석하기 위해 데이터를 조합합니다. 어떤 마케터는 기간 계열 데이터뿐만 아니라 광고 데이터도 포함해 분석하고 싶어하고, 또 어떤 마케터는 기간 계열 데이터에 오프라인 캠페인 데이터를 조합하고 싶어합니다. 이런 상황은 통제할 수 없습니다.

데이터는 꼬리에 꼬리를 물어 결과적으로 통합 데이터의 신뢰성이 사라졌습니다. 매일 데이터 자체가 변경돼(클렌징이나 가공에 의해 이전과 다른 데이터가 돼) 가정과 분석 결과가 달라졌고, 사업 부문 안에서 자주 혼란이 일었습니다(그림 3.4.2).

마케터가 솔선해서 데이터를 다루는 상황 자체는 바람직하지만 데이터를 다룰 때는 규칙이 필요합니다. 본래 데이터 관리 규칙을 정하는 것은 IT 부문입니다. 그리고 최소한 그 규칙을 준수하면서 사업 부문이 데이터를 다루게 해야 합니다.

사업 부문이 직접 데이터를 다루게 됐다 하더라도 IT 부문의 역할이 사라지지는 않습니다. 사업 부문 전체가 데이터를 활용할 수 있도록 IT 부문이나 데이터 플랫폼을 관리하는 부문이 계속해서 함께 관리해야 합니다.

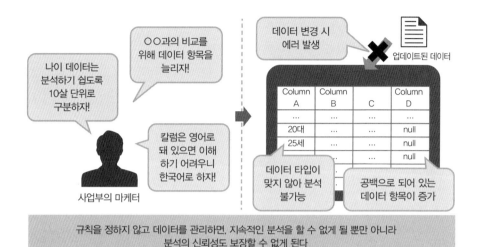

하고 싶은 것만 추진했던 데이터 활용의 말로

데이터는 기업의 자산입니다. 자산을 활용하는 것은 물론 자산을 적절하게 관리하는 구조를 함께 유지하는 것이야말로 지속적인 데이터 활용 고도화를 달성하는 것임을 잊지 말기 바랍니다.

눈에 보이는 데이터가 많아지면 관리할 항목이 늘어난다

계속해서 데이터 플랫폼 운용을 시작한 뒤 발생한 조직적인 문제의 사례를 살펴봅시다. 모 보험 회사의 사례입니다.

보험 상품은 특성상 일반 소비지와의 접점이 많지 않습니다. 하지만 예를 들면 가족이 갑자기 입원해 현금이 필요하게 돼 보험을 해약하는 등의 경우가 있기 때문에, 고객의 미묘한 불만이나 우려 등을 파악해 두어야 합니다. 때문에 많은 보험 회사들이 카카오톡이나 자사의 애플리케이션, 영업 담당자의 전화 대응, 온라인 상담 창구 등과 같은 접점을 준비하고 각 접점에서 고객 만족도를 향상시키는 이니셔티브를 시행하고 있습니다. 접점마다 강점이 다르며, 각각의 강점을 활용함으로써 자사의 독자성을 고객에게 어필할 수 있어 고객 획득이나 이탈 방지로 이어집니다.

이번 사례의 기업에서도 고객에게 스트레스를 주지 않는 경험 구축을 목적으로, 그 목적을 달성하기 위해 각 접점이 가진 과제를 데이터를 활용해 명확하게 하고자 했습니다.

데이터를 사용해 고객 반응을 시각화하는 것은 어렵지 않았고, 또한 얻은 반응을 접점의 개선에 활용한다는 의미에서는 접점별로 주 관리 부문이 명확했기 때문에 이 또한 어렵게 보이지 않았습니다. 그럼 원인은 무엇이었을까요? 데이터가 너무 많이 보여 관리가 복잡해진 것이 원인이었습니다.

⊙ KPI를 명확하게 하는 것만으로는 개선으로 이어지지 않는다

이 보험 회사에서는 이니셔티브 단위, 상품 단위로 개선 이니셔티브에 노력할 필요가 있다고 판단했습니다. 따라서 데이터 플랫폼을 사용해 접점이나 상품 단위로 분석할 수 있도록 개발을 진행했습니다.

고객 접점은 시대 흐름에 맞춰 최적화되므로 얻을 수 있는 데이터도 유연하게 추가한다는 사상을 데이터 플랫폼에 반영했습니다. 처음에는 고객으로부터의 반응을 데이터로 볼 수 있게 돼 개선할 항목이 명확해졌고, 다음 이니셔티브를 검토하기 쉬워져 데이터 플랫폼 도입 효과를 전사적으로 실감할 수 있었습니다.

하지만 어느 정도 플랫폼 운용이 정착한 시점에 문제가 발생했습니다. 다양한 정보를 시각화할 수 있게 되자, 상품이나 이니셔티브별로 KPI가 설정돼 KPI 전체를 관리할 수 없게 된 것입니다(그림 3.4.3).

3.2절에서도 설명했지만 KPI를 설정하는 것 자체만으로는 의미가 없습니다. 개선을 위해 적절하게 운용해야만 비로소 가치를 발휘합니다. KPI가 점점 복잡해지면서 이 기업에서는 고객 경험과 관련된 KPI를 관리하기 위한 담당자를 배치했습니다. 하지만 관리 부문이 수기 입력이나 직접 관찰을 통한 관리에서 벗어나지 못해, 실수나 누락이 발생했습니다.

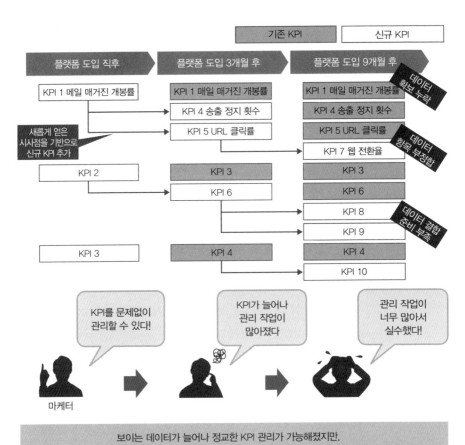

| 기존 KPI | 신규 KPI |

▶ 그림 3.4.3 KPI 증가에 따른 관리 부문의 업무 복잡화

⊙ KPI의 적절한 관리 및 취득 방법 최적화

KPI가 상품이나 이니셔티브별로 설정돼 복잡해짐에 따라 전체적인 관리를 할 수 없게 됐다고 설명했습니다. KPI가 상세해지는 것이 과연 나쁜 것일까요?

KPI는 개선 이니셔티브를 검토하기 위한 지표입니다. 기업이 상품 또는 이니셔티브 단위로 KPI를 세세하게 설정해야 할 필요가 있다고 판단했다면 그 KPI가 정답입니다. 하지만 단지 복잡한 KPI를 관리하기 위한 목적으로 인재를 확보하려고 하면 과도한 비용이 듭니다. 그렇다면 어떻게 하는 것이 좋을까요? 현재 상황에서의 이상적인 관리 업무에 맞는 데이터 취득 및 관리 방법을 시스템 수정을 통해 최적화하는 것입니다.

외부 벤더에 위탁하거나 자사의 귀중한 엔지니어를 차출해야 하기 때문에 시스템 수정을 싫어하는 기업들도 많습니다. 하지만 운용·유지보수를 수행하는 것이 단지 문제 대응을 위해서만은 아닙니다. 운용하는 상태에서 유지보수를 통해 업무 과제를 새롭게 추출하고 시스템 개선으로 연결하는 것 또한 중요합니다.

적어도 KPI 관리가 복잡해져 관리자가 손을 쓸 수 없는 상황이 됐다는 것은 관리자를 늘리거나, 시스템을 수정해서 업무를 간략화해야 하는 등의 대책이 필요한 것입니다. 일시적으로는 인원을 늘려도 문제없겠지만, 장기적으로 봤을 때는 시스템을 수정하는 쪽의 비용이 적게 드는 경우가 많습니다.

KPI라고 하면 그 시각화나 쉬운 개선 검토에 눈을 빼앗기기 쉽지만, 이는 데이터를 적절하게 취득하고 있다는 것을 전제로 합니다. 커뮤니케이션 이니셔티브가 고도화될수록 취득하는 KPI가 복잡해지는 것은 흔합니다. 고객 속성이나 고객 커뮤니케이션을 고도화하려면 최초 구축한 데이터 플랫폼과 분석 플랫폼을 그대로 사용하는 것이 아니라, 플랫폼 자체도 진화한다는 점을 염두에 두고 사업부의 업무 고도화와 병행하는 형태로 IT 부문이 솔선해서 지속적인 수정을 검토해야만 합니다(그림 3.4.4).

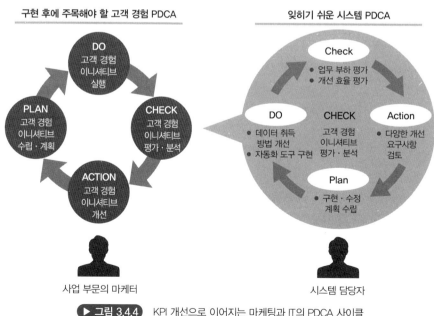

▶ 그림 3.4.4 KPI 개선으로 이어지는 마케팅과 IT의 PDCA 사이클

3.5 스스로 달리기 위한 변혁과 인재 육성

구조만으로 개혁이 일어나지는 않는다

많은 사람이 데이터 활용에 진척이 없는 것을 조직 구조의 문제라고 생각합니다. 실제로 데이터 활용을 계기로 조직 변혁을 위해 노력하는 기업도 많을 것입니다.

하지만 조직 구조를 바꾸는 것만으로 데이터 활용이 진행되는 경우는 드뭅니다. 그렇다면 구조 이외에 무엇이 문제일까요? 그것은 바로 사람의 의식과 스킬입니다. 조직 구성과 그 관계는 어디까지나 프로젝트나 업무를 원활하게 추진하기 위한 것이며 실제 그 업무를 수행하는 사람을 무시할 수 없습니다.

데이터 활용이라는 용어는 기업에 스며들면서 모든 세상이 데이터 활용을 추진하고 있는, 당연한 노력처럼 여겨졌습니다. 하지만 '데이터 활용'의 진짜 의의는 자신들이 가진 데이터를 최대한으로 활용해서 이제까지 없던, 자사만이 수행할 수 있는 새로운 비즈니스를 전개해 나가는 것입니다. 이 책을 쓰는 시점에서도 많은 기업이 데이터 활용을 추진하고 있습니다. 하지만 자사가 달성하고자 하는 데이터 활용의 이상적인 이미지에 완전히 일치하는 노력을 하고 있는 기업은 없습니다.

아무도 하고 있지 않은, 자사만이 할 수 있는 새로운 노력을 추진하기란 쉽지 않습니다. 과거의 성공 사례를 흉내내는 것은 효과적이지만, 반드시 어느 시점인가에서는 '자신만이 할 수 있는 것'을 창조해야만 하기 때문에 어중간한 노력으로는 성공할 수 없습니다.

이렇게 난이도가 높은 과제를 성공시키기 위해서는 무엇이 중요할까요? 결국 그것을 추진하는 사람의 의식과 스킬입니다(그림 3.5.1). 누구보다 자사의 강점과 약점을 이해하고 있는 것은 자신들이며, 새로운 노력을 위해서는 모든 직원이 하나가 돼 노력해야만 합니다.

이번 절에서는 데이터 활용을 통해 새로운 비즈니스를 추진하는 데 필요한 인재의 스킬과 그 육성 방법 및 의식 변혁에 필요한 요소들에 관해 설명합니다.

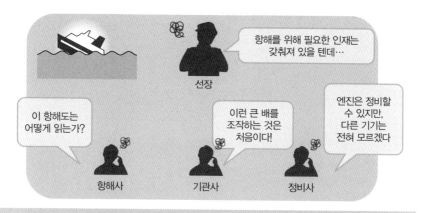

항해(신규 프로젝트) 성공을 위해 필요한 승조원(프로젝트 구성원·조직)을 확보했다 해도
스킬과 의식이 부족하면 배는 가라앉는다

▶ **그림 3.5.1** 스킬 부족·의식 부족인 배는 가라앉는다

직원 육성의 필요성

데이터 활용을 추진하기 위해서는 직원의 의식이나 스킬 향상이 반드시 필요하다고
설명했습니다. 여러분 중에는 '교육에 힘을 들이는 것보다 외부에서 사람을 데려오
면 되지 않는가?' 혹은 '컨설턴트를 활용하면 되지 않는가?'라고 생각하는 분들도 있
을 것입니다.

물론 그런 방법도 있습니다. 엔지니어, 분석가, 마케터는 교육을 통해 키워내기 어려
운 직종으로 알려져 있습니다. 그래서 많은 기업이 자사 안에서 인재를 키우지 않고
컨설팅 기업 등 외부로부터 인재를 조달해 데이터 활용을 추진하고 있습니다.

자사의 인재를 키운다는 것은 난이도뿐만 아니라 그 비용(돈, 시간)을 많이 소비합니
다. 특히 시간에 관해 생각해 보면 당장이라도 해결해야만 하는 과제를 위해 사람을
처음부터 키운다는 것은 소 잃고 외양간 고치는 격이 될 수도 있습니다.

외부 컨설턴트, 인재 채용, 인재 육성

애초에 '자사에서 인재를 키운다는 것이 무리이지 않은가?'라고 생각할지도 모르겠습니다. 이 질문에 관해서는 확실히 '아니요'라고 대답하겠습니다. 자사의 인재를 육성하지 않고 외부 인재만으로 프로젝트를 추진하면, 프로젝트가 진행될수록 데이터 활용 노력을 위한 핵심 구성원을 외부인이 점유하게 됩니다. 그 결과 마케팅이나 브랜딩 등 같은 자사의 핵심 기능은 물론 그 정책에 관한 결정도 외부인이 내리는 사태가 벌어집니다.

실제로 이런 상황에 직면한 기업이 적지 않습니다. 자사 안에서 새로운 고객 커뮤니케이션 이니셔티브를 수행하고자 할 때 경영층뿐만 아니라 외부 컨설턴트에게 승인을 받아야만 하는 경우도 있습니다. 이래서는 '우리만이 제공할 수 있는 것'을 만들 수 없습니다.

그렇다고 외부 컨설팅 기업이 전혀 쓸모가 없는 건 아닙니다. 새로운 노력을 추진하는 경우 프로젝트 최초 단계가 가장 어렵습니다. 그 시기를 촉진하는 역할로서 외부 컨설팅 기업을 적절히 활용하되, 어느 정도 속도가 붙었다면 자사 인재로 바꾸는 것이 건전한 방법입니다.

⊙ 외부 컨설팅 기업과의 원만한 협업 방법

외부 컨설턴트가 아닌 우수한 인재를 적극적으로 채용해 인재를 확충하는 방법은 어떨까요?

이 역시 현실적이라 말할 수 없습니다. 이 책을 쓰는 시점에 데이터 활용을 위해 많은 기업이 앞다투어 노력하고 있기 때문에 그 업무와 관련된 인재에 대한 수요가 높습니다. 높은 수요의 인재를 취득하는 비용은 점점 높아지고, 프로젝트 추진뿐만 아니라 프로젝트 운용을 위한 인재까지 모두 채용하려고 하면 그 비용이 상당합니다. 또한 우수한 인재들은 이미 컨설팅 기업에서 확보하고 있는 경우가 많아 쉽게 확보할 수 없다는 점도 상상하기 어렵지 않습니다.

그렇다고 인재 채용을 위한 노력을 하지 않는 것이 좋다는 말은 아닙니다. 뒤에서 설명하겠지만 자사에서 인재 육성을 할 때도 교사의 역할이 필요합니다. 그런 의미에서 최신 트렌드를 파악하고 있는 인재를 자사에 두는 것은 직원 육성에 있어 큰 의미를 갖게 됩니다.

결국 외부 컨설팅 기업 활용과 인재의 적극적인 채용만으로는 장기적인 성장이 방해 받을 가능성이 생깁니다. 최종적으로 자급자족적으로 '우리만이 제공할 수 있는' 고객 경험을 계속해서 실현하기 위해서는 컨설턴트 등 외부 인재를 잘 활용하면서, 동시에 적극적으로 인재를 채용하며 인재 교육을 추진하는 균형 잡힌 노력이 중요합니다(그림 3.5.2).

이번 절에서는 많은 기업에서 과제로 안고 있는 인재 육성에 관해 설명합니다.

	장점	단점
인재 육성	● 장기적으로 봤을 때 자사의 자산이 된다 ● '자신만의' 비즈니스 의사 결정을 할 수 있다	● 육성이 비즈니스 성과로 이어지기까지 시간이 걸린다 ● 육성이 반드시 성과로 이어지지는 않는다
인재 채용	● 즉각적인 전력으로 자사의 자산이 된다 ● 자사 인재 육성의 교사로 활용할 수 있다	● 데이터 활용 인재 및 우수한 인재 획득 자체가 어렵다 ● 데이터 활용에 관련된 모든 업무를 채용을 통해 획득하려면 큰 비용이 든다
외부 컨설턴트	● 전문 인재로서 데이터 활용 프로젝트의 단기적인 촉진제가 된다 ● 자사 인재 육성의 교사로 활용할 수 있다	● 외부 인재이므로 노하우가 기업에 쌓이지 않는다 ● 자사만의 비즈니스 의사결정을 하기 어렵다

▶ 그림 3.5.2　인재 확보 수단의 장단점

수파리(守破離): 전통적인 교육 방식

미래의 고객 경험 설계를 위해 인재 육성이 필수라고 설명했습니다. 그렇다면 이 인재를 어떻게 육성해야 할까요?

데이터 활용 영역이든 다른 업무 영역이든 인재 육성 관점의 사고 방식은 다르지 않습니다. 확실한 교사를 세우고, 학생을 가르치고, 학생이 자립하도록 촉진하는 것입니다.

이런 사고 방식을 실행하는 데는 전통적인 교육 방침인 '수파리'가 효과적입니다. 수파리는 다도나 무도 등에서 나타내는 바람직한 사제 관계의 형태의 하나이자 수업에서의 이상적인 과정입니다.

- 수(守): 교사에게 배운 방법을 지키면서 동일한 것을 할 수 있게 되는 것
- 파(破): 교사에게 배운 방법뿐만 아니라 다른 환경 등을 앎으로써 자신에게 가장 적합한 방법으로 노력하는 것
- 리(離): 교사에게 배운 방법과 노력해 온 자신의 방법을 바탕으로 고유한 것(오리지널)을 만들어 내는 것

이 고유한 것(오리지널)이 바로 이 책에서 말하는 '우리만이 제공할 수 있는 것'을 활용한 독자적이고도 이상적인 고객 경험 설계입니다. 데이터 활용에서는 어떻게 '리'에 도달하는 것이 적합한지 생각해 봅시다.

누가 교사의 역할을 하는가?

'수'에서 '리'에 이르기까지의 단계를 진행하는 과정에서 중요한 것은 교사의 존재입니다. 수파리의 사고 방식은 이미 설명했습니다. 이 중에서도 '수'가 가장 중요한 것으로 알려져 있습니다. '리'에 이를 때도 '수'에서 배운 교사의 방법을 항상 갈고 닦지 않으면 안될 만큼, '수'에서 배운 것을 마지막까지 실행하기 때문입니다.

그렇다면 데이터 활용에서는 누가 교사가 될까요?

이 과제는 사실 간단하게 해결할 수 있습니다. 오늘날의 비즈니스 환경에는 외부 컨설턴트라는 존재가 있기 때문입니다. 앞서 컨설턴트의 역할은 프로젝트의 촉진제라고 설명했습니다. 컨설턴트는 우수한 교사로서도 가치가 있습니다.

뒤에서도 자세히 설명하겠지만 우선 소규모의 프로젝트 팀을 구성하고, 외부의 전문 컨설턴트를 교사로 활용하는 형태가 바람직합니다. 소규모여야 하는 이유는 거기에서 성장한 인재가 다음에 교사로 다른 부문에서 가르침으로써, 최종적으로는 외부 컨설턴트에 의존하지 않고도 육성의 범위를 넓힐 수 있어 비용을 크게 줄일 수 있기 때문입니다.

교사가 되는 외부 컨설팅 기업 선택 방법

교사로서 외부 컨설팅 기업을 활용할 때는 컨설팅 기업 선택 방법에 주의해야 합니다. 오늘날에는 수많은 외부 컨설팅 기업이 존재하며 제공하는 서비스 또한 천차만별입니다. 컨설팅 기업은 크게 전통적인 컨설팅 기업과 SIer 계열 컨설팅 기업으로 구분할 수 있습니다.

전통적인 컨설팅 기업은 지식이 풍부한 전략 인재를 파견해 비즈니스 환경을 논리적으로 정리하고, 선제적으로 독창적인 전략을 고객에게 제공하는 것을 강점으로 합니다. 뛰어난 역량을 가진 인재들이 만들어 낸 전략이나 데이터 활용 방침은 매우 멋지기는 하지만, 결국 컨설팅 기업의 시선에서 검토가 이루어지므로 고객 기업에게는 그 노하우가 남지 않는다는 문제가 있습니다.

SIer 계열 컨설팅 기업은 정보 시스템 개발에서 유지보수·운용까지 폭넓은 인재를 준비할 수 있다는 강점이 있으며, 기업의 비즈니스 목표를 실현하기 위한 시스템 구체화, 구현을 지원합니다. 고객 기업과 함께 달리며 지원하는 패턴이 많기 때문에 고객 기업의 요청에 대응하기만 하게 되는 케이스도 많고, 실질적으로 고객 기업의 비즈니스에 기여하는 노력을 하지 않는 경우도 적지 않습니다.

전통적인 컨설팅 기업이든 SIer 계열 컨설팅 기업이든, 여기에서 설명한 문제점은 교사로서 자리하는 데는 큰 문제가 되므로, 모든 컨설팅 기업이 교사가 되는 것은 아닙니다.

◉ '함께 만드는 유형' 컨설팅 기업이라는 선택지

그럼 어떤 컨설팅 기업을 선택해야 할까요? 전략부터 시스템 구현, 그리고 운용에 이르기까지 한꺼번에 지원할 수 있는 컨설팅 기업이 바람직할 것입니다. 컨설팅 기업은 전략을 만드는 과정부터 참가하고 고객 기업과 공동으로 프로젝트를 추진하게 됩니다. 컨설팅 기업에 의한 선제적인 지원을 받으면서, 고객 기업의 실태를 바탕으로 한 운용을 의식한 전략을 세우는 것이 가능하게 돼 실행의 정확도가 높아집니다. 이것을 이 책에서는 '함께 만드는 유형' 컨설팅 기업이라고 부릅니다. 이처럼 경영부터 현장까지 함께 이해하고 추진하는 컨설팅 기업이야말로 교사로서 바람직하다고 말할 수 있을 것입니다(그림 3.5.3).

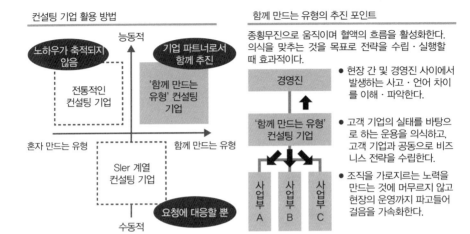

컨설팅 기업 활용 방법

함께 만드는 유형의 추진 포인트

종횡무진으로 움직이며 혈액의 흐름을 활성화한다. 의식을 맞추는 것을 목표로 전략을 수립·실행할 때 효과적이다.

- 현장 간 및 경영진 사이에서 발생하는 사고·언어 차이를 이해·파악한다.
- 고객 기업의 실태를 바탕으로 하는 운용을 의식하고, 고객 기업과 공동으로 비즈니스 전략을 수립한다.
- 조직을 가로지르는 노력을 만드는 것에 머무르지 않고 현장의 운영까지 파고들어 걸음을 가속화한다.

▶ 그림 3.5.3 함께 만드는 유형 컨설팅 기업

형식적 지식과 경험적 지식

교사를 발견했다면 '수'에서 벗어나기 위한 교육 단계를 생각해 봅시다.

여러분은 교육이라는 말을 들으면 어떤 방법을 떠올리시나요? 교과서나 참고서와 같은 책을 보면서 학습이나 OJT(On the Job Training) 같은 모의 교육을 떠올리지는 않나요? 많은 분들이 이 방법을 실천해 봤을 것입니다. 한편으로 좀처럼 부하의 실력이 자라지 않거나 자신이 성장하지 않는 경험도 했을 것입니다. 보다 적절한 교육 방법이 있는 것은 아닌지 고민했을지도 모릅니다.

안타깝지만 교육이라는 관점에서는 이것이 정공법이며 이를 벗어난 방법은 거의 없습니다. 데이터를 활용해 고객과 커뮤니케이션을 최적화하는 것 역시 특수한 업무가 아니라 고객이나 시장의 데이터를 적절히 얻어서 분석하고 이니셔티브로 연결할 뿐입니다. 당연하지만 이 업무들을 잘 하기 위해서는 적절한 업무 지식과 업무 경험을 몸에 익혀야만 합니다.

지식은 학습을 통해 몸으로 익히고 경험은 실제 업무를 통해 몸에 익히는 것이 적절할 것입니다. 중요한 무엇을 지식으로써 몸에 익힐 것인가, 무엇을 경험으로써 몸에 익힐 것인가라는 각각의 교육에 필요한 역할을 명확하게 해야 합니다.

이 책에서는 학습을 통해 몸에 익힐 수 있는 업무 지식을 '형식적 지식', 실제 업무 경험을 통해 몸에 익힐 수 있는 지식을 '경험적 지식'이라 부릅니다.

형식적 지식의 역할

형식적 지식과 경험적 지식 중 먼저 몸에 익혀야 할 것은 무엇일까요? 일반적으로 형식적 지식을 먼저 몸에 익힙니다. 실제 경험으로 얻을 수 있는 경험적 지식은 형식적 지식이 있어야만 보다 효율적으로 고도화되기 때문입니다. 아무것도 모른 채 현장에 뛰어들면 지식 습득에 오히려 시간이 소요됩니다. 경험을 축적하기 위해 먼저 필요한 만큼의 형식적 지식을 몸에 익히는 것이 최우선입니다.

그렇다면 형식적 지식은 어디까지 습득하고, 무엇을 학습으로 익히고, 무엇을 준비해야 할까요? 형식적 지식을 몸에 익히는 것이란 메뉴얼을 올바르게 이해하는 것입니다. 데이터 활용에서의 매뉴얼이란 업무 흐름이나 시스템 매뉴얼에 해당합니다. 업무 흐름은 이제부터 몸에 익혀야 할 업무가 어떤 범위에서 수행되고, 어떤 부문과 어떤 시점에서 관련되어 있는지 이해하고, 업무 전체 이미지를 이해하기 위해서는 반드시 필요합니다.

시스템 매뉴얼에 대해서는 데이터 분석이나 이니셔티브를 실행하기 위해서는 데이터 플랫폼이나 BI 도구 등을 통해 실시하기 때문에 특별히 설명할 필요는 없을 것입니다.

⊙ 형식적 지식을 획득하기 위한 교재 만들기

그러면 형식적 지식을 어느 정도 몸에 익혀야 하고, 학습을 위한 문서는 얼마나 만들어야 할까요?

기업 문화에 따라 이상적인 문서의 양은 달라지므로 절대적인 정답은 없습니다. 교육 문서로서의 지속적인 운용을 생각해 보면 시스템 매뉴얼 이외의 업무 흐름 등의 매뉴얼은 해당 업무에 '골자'를 전달할 수 있을 정도면 충분합니다.

앞서 설명했듯 지식 고도화는 경험적 지식을 통해 해결하는 분야이므로 무리해서 형식적 지식으로 담을 필요는 없습니다. 다양한 내용을 문서에 담으면 문서의 유지보수를 하지 못해 형식화에 그치게 될 리스크가 있습니다.

매뉴얼은 언제나 정답을 알려줘야 하므로 늘 수정하면서 운용해야 합니다. 데이터 활용은 목표나 최종 형태가 없으며 계속해서 진화하므로 매뉴얼에 관한 업무도 달라집니다. 수행 형태가 항상 동일한 업무의 경우에는 빈번하게 변경되는 부분이 없겠지만, 데이터 추출이나 분석 등 그 시점에 따라 적절한 방법을 계속해서 생각해야 하는 업무는 애초에 형식적 지식으로서 습득하는 것이 아니라, 경험적 지식으로서 습득하게 하도록 역할을 분리하는 것도 중요합니다.

경험적 지식의 역할

경험적 지식은 어떨까요? 경험적 지식을 몸에 익히기 위해서는 외부 컨설턴트라는 교사의 옆에서 실제로 데이터 활용을 추진하는 것이 적절합니다. 앞서 설명했듯, 경험적 지식에는 형식적 지식을 고도화시키는 역할이 있습니다. 하지만 경험적 지식을 몸에 익히는 수준은 어떤 시점에 '경험적 지식을 몸에 익혔다'고 말할 수 있을지 생각해야 합니다(그림 3.5.4).

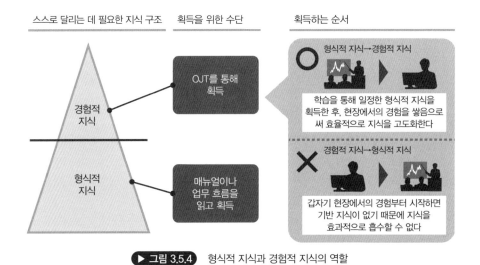

▶ **그림 3.5.4** 형식적 지식과 경험적 지식의 역할

기업마다 OJT에 관해 생각하는 바가 다르기 때문에 단적으로 일반화할 수는 없지만, 자사의 고객 커뮤니케이션(광고 등)의 사이클을 한 번 도는 정도의 실무를 해낼 수 있는 정도라고 생각하면 적절할 것입니다.

커뮤니케이션 사이클도 기업에 따라 다릅니다. 예를 들면 1년 동안 몇 차례의 상품 전략을 세우는 업종에서는 상품 전략 전후 기간에 데이터를 분석하고 그 상품 전략의 이니셔티브를 실시합니다. 그리고 그 결과로부터 시사점을 얻는 시점까지의 기간이 한 번의 사이클이 됩니다.

한편 상품 전략 시기 등을 고려하지 않는 업종에서는 상시 업무를 도는 것이 한 번의 사이클에 해당한다고 생각할 수 있습니다. 상품 전략 시기를 별도로 지나지 않는 업종이라도 이니셔티브로써 광고 송출을 포함할 수 있습니다.

커뮤니케이션 사이클을 한 번 돌기 위한 시간의 정도는 상품 전략 시기 유무에 관계없이 크게 달라지지 않을 것입니다.

◉ 적절한 경험적 지식 획득 기간

여기에서 한 번의 사이클을 돌아야 하는 이유에 관해 설명합니다. 여러 차례 사이클을 돌면 분명 지식을 고도화할 수 있습니다. 하지만 고객의 흥미나 관심은 매우 빠르게 변화합니다. 만약 반 년에 걸쳐 한 번의 사이클을 도는 경우, 두세 번의 사이클을 돌기 위해서는 1년 이상의 시간을 투입해야 합니다.

외부 컨설턴트를 교사로 활용하더라도 교사가 한 번에 가르칠 수 있는 사람의 수에는 한계가 있습니다. 최초의 학생이 '수'에서 벗어나는 데 1년 이상의 시간이 걸리면, 그 사이에 발생하는 고객의 흥미 변화에 학생이 혼란을 느끼고 무엇이 데이터 활용에 있어서 정답인지 모르게 됩니다. 고객의 흥미 변화는 당연한 것이며 교사의 도움을 받아 자신의 업무에 관한 경험적 지식을 몸에 익히는 '수'의 기간은 반년 정도가 이상적이라고 생각하기 바랍니다.

'수'에서 '파'로

다음으로 '파'의 기간에 관해 생각해 봅시다.

'파'란 다른 환경 등에 관해 앎으로써 자신에게 가장 적합한 수행 방법을 알아내는 것이라 설명했습니다. 그럼 고객 속성에 관한 업무를 하는 과정에서 다른 환경이란 무엇일까요? 그것은 담당하는 상품이나 서비스를 바꿔보는 것입니다.

업무에 적합하게 설계돼 있는 시스템을 활용하는 것이라면 커뮤니케이션 사이클을 한 번 도는 것으로 어느 정도 업무를 수행할 수 있게 됩니다. 데이터를 읽는 방법이나 얻어지는 시사점도 이해할 수 있을 것입니다. 단, 이 과정에서 얻은 시사점은 어디까지나 담당했던 상품이나 서비스에 국한됩니다. 고객이나 상품이 다르면 보이는 데이터나 그 특징도 달라집니다. 같은 상품에 대해서만 데이터 활용 업무를 수행하게 되면 그 상품에만 국한되는 생각이, 마치 자사의 고객 커뮤니케이션 전반에 적용할 수 있는 사고라고 착각할 위험이 있습니다.

최종적으로는 각 직원이 자신이 가장 잘하는 상품이나 서비스 영역에 특화될 것입니다. 따라서 경험적 지식을 늘리기 위해서는 어느 정도 담당 상품과 공통점이 있는 것을 선택해서 고객 커뮤니케이션의 변형을 늘리는 것이 바람직합니다. 예를 들면 같은 카테고리에서 고객 세그먼트가 다른 상품, 고객 세그먼트가 같고 담당 상품을 보완하는 다른 관련 상품 등을 생각할 수 있습니다.

사업부의 울타리를 넘어서 실천할 수도 있지만 기업에서는 대부분 사업부의 울타리를 넘는 인재 교환이 어렵기도 합니다. 또한 처음으로 한 번의 사이클을 돌았던 상품·서비스 테마와 동떨어진 상품·서비스와 관련된 일을 하게 되면 교육을 받은 담당자가 첫 사이클에서의 학습 내용을 완전히 잊어버리게 돼 학습 효율이 낮아지게 되므로 주의해야 합니다.

다른 사람을 가르치는 것도 학습

'수'에서 학습한 형태를 개선하기 위해서는 다른 상품이나 서비스를 대상으로 실천해 보는 것이 바람직하다고 설명했습니다. 하지만 당연히 각 상품에는 담당자가 있기 때문에, 교육이 목적이라 하더라도 곧바로 배치 전환을 할 수는 없습니다.

'수'의 교육 과정을 밟은 학생이 학습한 형태를 개선하기 위해 다른 상품의 담당으로 배치됐다면, 원래 그 상품의 담당자는 어떻게 될까요?

답은 간단합니다. 새롭게 데이터 활용을 학습하는 학생으로써 그 상품의 담당자로 남는 것입니다.

다만, 단순히 담당자 수를 늘리는 것이 아니라 육성이라는 관점에서 역할을 확실하게 정의해야 합니다. 인재를 육성하기 위해서는 학생과 교사가 필요하므로 원래 해당 상품의 담당자는 이 과정에서 학생이 됩니다.

그럼 교사는 누가 될까요? 해당 상품의 담당으로 새롭게 배치된, '수'에서 형태를 학습하고, 커뮤니케이션 사이클을 한 번 실천했던 학생입니다. 물론 커뮤니케이션 사이클을 한 번 경험한 것만으로 곧바로 교사의 역할을 충분하게 소화할 수는 없습니다. 원래 교사(외부 컨설턴트 등)가 조언을 해주는 것을 전제로 합니다. 이 전제에서 학생(다른 상품이나 서비스의 마케터)을 지원하는 교사(원래 학생), 그리고 교사를 지원하는 조언자(외부 컨설턴트 등)로 구성된 구성원으로 효율적인 인재 육성을 추진하기 위한 체제를 만듭니다(그림 3.5.5).

앞서 '파'를 위해 다른 상품이나 서비스에서 실천한다고 설명했습니다. 교사로서 다른 제품을 보는 것도 학습의 가치가 있습니다. 오히려 학생으로서 학습을 계속하는 것보다 새로운 것들을 많이 발견하며, 보다 효율적으로 인재를 육성할 수 있다고 말할 수 있습니다.

이렇게 학생에서 교사로 인재 육성을 빠르게 수행하면서, 실천하는 담당자의 수를 늘리는 것은 오늘날의 빠른 환경 변화에 대응하기 위해 중요합니다.

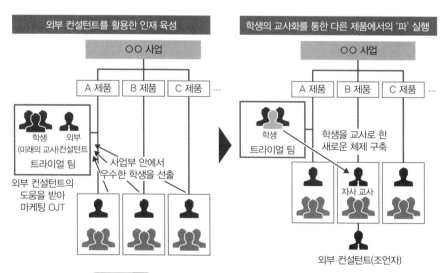

▶ 그림 3.5.5 학생 → 교사화를 통한 효율적인 인재 육성 확대

사람은 의식 변혁이 없으면 성장하지 않는다

마지막으로 '리'에 관해 설명합니다. '리'에 도달하기 위한, 모두에게 획일적으로 적용할 수 있는 이상적인 접근 방식은 없습니다. '리'란 기업별 혹은 사업부별로 도출한 '우리만이 할 수 있는 것'의 방법이며, '우리만이 할 수 있는 것'에 도달하기 위해서는 고객을 철저히 이해해야 합니다. 고객을 철저하게 이해하기 위해서는 자사에게 이상적인 커뮤니케이션 구조가 필요하며, 시행착오를 반복하면서 이상에 도달할 때까지 고객 커뮤니케이션을 설계해 나가야 합니다.

시행착오에 지름길은 없습니다. 데이터 활용의 사고 방식을 '수', '파'에서 학습한 담당자가 자리 수를 늘려가는 것 이외에 다른 방법이 없습니다.

그럼 '리'에 이르기 위해 그저 시간만 들이는 것이 유일한 방법일까요? 시간은 필요하지만 그 속도를 높이는 방법이 있습니다. 이 방법은 '수'와 '파'를 통해 확실하게 성장하는 인재의 확률을 높이는 것과도 연결됩니다.

그것은 변혁 의식을 심어주는 것입니다. 이제 와서 뜬금없는 이야기라고 생각할지도 모르지만, 많은 기업이 변혁 의식을 심어주지 못해 인재 육성에 실패합니다.

⊙ 의식 변혁 방법

그럼 의식 변혁을 위해 무엇을 어떻게 해야 할까요? 조직 수준에서 의식 변혁을 수행하는 경우, 구체적으로 무엇을 하는지가 명확하게 설정돼 있지 않은 경우가 많을 것입니다.

중요한 점은 의식 변혁 후에 어떤 상태가 돼 있을지 가정하는 것입니다. 이상적인 상태란 '현재 상태의 우리의 업무에서 과제를 이해하고, 그에 대해 취해야 할 대책의 방향성과 방법이 보인다. 그리고 그 방법이 우리가 실행할 수 있다고 자신을 갖고 있는' 상태입니다.

이상적인 상태는 다음 세 가지로 분해할 수 있습니다.

① 자신들의 업무에 과제가 있다는 것을 인식한다
② 해결을 위해 도입하는 수단과 방법을 이해하고, 그 효과를 실감한다
③ 해결을 위한 수단과 방법을 실행하기 위해 필요한 스킬 및 그 습득 방법이 명확하고도 현실적이다

여기에서 주의해야 할 점이 있습니다. 대부분의 사람들이 ②의 수단과 방법, ③의 육성에 관해서만 의식 변혁을 하고자 한다는 것입니다. 사실 중요한 것은 ①의 과제 인식과 ②의 효과 실감입니다. 새로운 노력이란 그 정도에 관계없이 담당자에게 부담이 됩니다. 솔직히, 여러분도 현재 업무를 바꾸고 싶지 않다고 생각할 것입니다. 그런 상태를 깨부수기 위해서는 변혁 의식의 벽을 넘을 만큼의 가치를 이해해야 합니다.

의식 변혁을 위한 행동

이런 의식을 심는 데는 워크숍이 효과적입니다. 특히 ①의 과제 인식에서는 말로 표현하지 않는 한 확실하게 인식할 수 없는 것이 많습니다. 워크숍을 통해 부장·과장 직급부터 현장 담당자까지 다양한 직급의 구성원들이 모여 말을 꺼내어 의논함으로써 과제를 인식할 수 있게 됩니다.

②의 효과 실감에서는 예산 계산과 같은, 책상 위에서의 계산만으로는 납득되지 않는 케이스가 많고, 실제 노력의 효과를 보이는 수밖에 없습니다. 실행할 수 있게 되기 위한 의식 변혁임에도 불구하고 실제로 실행해 보고 효과를 낸다는 것은 모순이 아닌가라고 생각하는 분도 많을 것입니다. 하지만 효과를 이해하기 위해 반드시 직접 실행할 필요는 없습니다. 예를 들면 이웃 부문에서, 또는 이웃 사업부에서 누군가가 입을 열어 데이터 활용을 위한 변혁의 노력을 실행하는 것으로 충분합니다. 자신들과 비슷한 다른 환경에서 성과가 실제로 입증되면, 직접 수행하는 경우에도 효과를 거둘 것이라고 생각할 수 있을 것입니다(그림 3.5.6).

③ 인재 육성에서는 학생의 자립적 사고가 중요합니다. 속도가 요구되는 데이터 활용에서는 얼마나 효율적으로 한 사람의 역할을 할 수 있는 인재를 육성할 수 있는가도 중요합니다. 한 사람의 역할을 하는 인재가 되기 위해서는 의식 변형을 토대로 형식적 지식, 경험적 지식을 얻기 위한 육성 피라미드를 쌓아 올려야 합니다.

물론 기업 차원에서 육성 피라미드를 최종적으로 만들어야 하지만, 기업 차원에서 의식을 침투시키기 위해서는 작더라도 빠르게 피라미드를 쌓아 올리는 것이 중요합니다. 이에 트라이얼 팀(trial team)은 매우 빠르게 피라미드를 구축해야 합니다.

이후에는 특히 중요한 최초의 트라이얼 팀, 소위 스몰 스타트(small start)의 사고 방식에 관해 살펴봅니다.

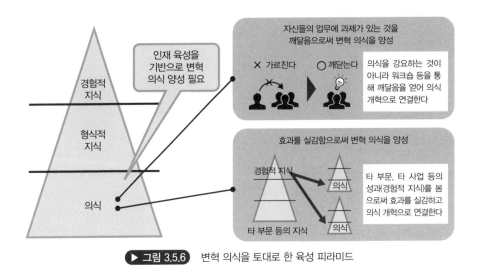

변혁 의식을 토대로 한 육성 피라미드

트라이얼 대상 상품 · 서비스에 관한 사고 방식

효과를 만들고 주변의 의식 변혁을 촉진하기 위해서는 우선 트라이얼 팀을 만들고, 스몰 스타트로 전개하는 것이 바람직하다고 설명했습니다. 그렇다면 트라이얼 팀을 만들 때, 어떤 인재가 어느 정도 있는 것이 바람직할 지에 관해 생각해 봅시다.

트라이얼이지만 효과는 확실하게 만들어 내야 하므로 실제 상품이나 서비스에 대해 데이터 활용을 추진하는 것이 전제가 됩니다. 그때 트라이얼 팀에서 다루는 업무 대상 상품의 범위를 어떻게 정하는 것이 적절할까요?

아무런 준비 없이 부문 단위로 트라이얼을 수행하는 것은 위험합니다. 트라이얼을 시작한다는 명목으로 갑자기 부문 전체의 업무를 뒤집게 되면 기존 업무, 즉, 고객에게 제공하는 서비스에 큰 영향을 미치기 때문입니다. 따라서 트라이얼인 이상, 실제 상품을 그 대상으로 하면서 기존의 주축 업무에는 큰 영향을 주지 않도록 추진해야만 합니다.

대상이 되는 상품이나 서비스는 주상품이 아니어도 됩니다. 주상품은 대개 이미 다양한 커뮤니케이션 이니셔티브가 전개되고 있을 것이므로, 새로운 이니셔티브를 전개하고 싶어도 사내에서 합의를 얻기 어려울 수 있습니다. 신상품이나 신규 서비스 등 이제부터 고객 커뮤니케이션을 전개하거나, 온라인이나 오프라인 등 충분한 커뮤니케이션 이니셔티브가 실시되지 않았다고 생각되는 영역에서 수행하는 것이 바람직합니다.

트라이얼 팀의 구성원에 관한 사고 방식

트라이얼 대상 상품이나 서비스를 결정했다면, 트라이얼 팀에 할당할 대상자를 검토합니다. 트라이얼 팀에 선출된 구성원은 트라이얼 실행 후 다음 프로젝트의 교사로서의 역할을 해야 합니다. 즉, 트라이얼 팀에 할당하는 구성원은 다음 프로젝트의 교사로서도 적절한 구성원을 선택해야만 합니다.

교사라는 용어를 사용하기 때문에 어느 정도 경험을 쌓은 관리직을 생각할지도 모릅니다. 하지만 역할의 유연성이나 인재 리소스를 생각하면 젊은 직원을 할당하는 것이 좋습니다. 특히 의욕이 넘치는 유망한 젊은 직원이 그 대상이 됩니다.

젊은 직원을 할당해야 하는 이유로 다음 두 가지를 생각할 수 있습니다.

첫 번째는 젊은 직원이 발상의 자유도가 높다고 생각할 수 있기 때문입니다. 젊은 직원이기 때문에 기존 업무에 대한 고정 관점이 많지 않습니다. 데이터를 활용한 커뮤니케이션 이니셔티브를 전개하기 위해서는 지금까지 직감에 의존해 특정 인원만 수행할 수 있는 업무에 대해서도 고정 관점을 버리고 임해야 합니다. 그런 관점에서 좋은 의미로 경험이 많지 않은 인재가 트라이얼에는 더욱 적합합니다.

두 번째는 인재 리소스의 유연함입니다. 젊은 직원을 포함해 모든 직원은 일상의 업무를 수행하지만, 당연히 관리직에 가까울수록 기존 업무에서 손을 놓기 어려워집니다. 앞서 설명했듯 트라이얼 팀에서 학생으로서, 데이터 활용에 관한 사고 방식이나 방법을 학습한 뒤, 다른 상품 등에서는 교사라는 역할이 기다리고 있습니다. 교사이면서도 실제로 손을 움직이며 데이터를 활용한 업무에도 참여하게 되므로, 분주할 것임을 쉽게 생각할 수 있습니다. 적어도 1년 정도의 시간이 걸리기 때문에 관리직에게 그런 역할을 부여하는 것은 많은 기업에 있어 현실적이지 않습니다.

이런 이유에서 유망한 젊은 직원은 이상적인 구성원입니다. 이제부터 자사의 본연의 자세를 만들어 가는 프로젝트에 참가함으로써, 그 직원의 동기를 크게 향상하는 효과를 기대할 수 있음도 간과해서는 안 됩니다.

⊙ 필요한 인원 수

그 유망한 젊은 직원은 몇 명 정도 필요할까요? 이상적인 수는 없지만 수가 너무 적으면 성과를 내기 어렵고, 반대로 너무 많으면 트라이얼을 통제하기 어려워집니다. 최소한 이후 교사가 될 수 있는 정도의 인원은 할당해야만 합니다. 따라서 다음 범위의 전개 대상이 되는 부문의 구성원을 추가해야 합니다. 예를 들면 트라이얼 이후 사업부 안에서 전개할 것이라면 사업부 안의 상품 카테고리별로 선출합니다. 한 번에 회사 전체를 대상으로 전개하고 싶다면 각 사업부에서 선출합니다. 기업에 따라 사정이 다를 것이므로 최적의 전개 계획을 세우고 할당합니다.

데이터 활용은 새로운 노력이므로 기존 업무와 균형을 맞추면서 프로젝트를 추진해야 합니다. 그렇기 때문에 소규모로 빠르게 대처하면서 성과로 이어 나갈 수 있는 팀을 만드는 것에 집중합니다.

3.6 지속적인 조직과 인재 육성을 위해

조직과 교육 구조는 완성되지 않는다

지금까지 데이터를 활용해 향후 고객 커뮤니케이션 이니셔티브를 전개하기 위한 초기 단계에 집중해서 설명했습니다. KPI 설정과 조직 연계에 관한 사고 방식, 인재 육성은 새로운 조직 구조를 만들 때 반드시 생각해야 합니다.

그렇다면 지금까지 설명한 내용을 기업이 실현할 수 있다면 조직이나 인재에 관해 향후 검토하지 않아도 될까요? 그렇지 않습니다. 고객 속성과 고객 커뮤니케이션의 이상적인 형태는 고객 니즈, 관심, 흥미에 따라 항상 달라지고 있습니다. 오늘의 조직 형태가 정답이라 하더라도, 그 형태가 내일도 정답이라고는 말할 수 없습니다. 고객과의 관계 본연의 자세에 맞춰, 조직이나 사람에 대해 항상 지속적으로 최적의 답을 검토해야 합니다.

고객 경험을 지탱하는 구조의 근본적인 의식은 변하지 않는다

데이터를 활용하기 위해 조직 변혁을 수행하고 운영하기 시작한 뒤에는 어떻게 조직을 계속해서 바꿔가는 것이 좋을까요?

기술 진화와 함께 적절한 데이터 플랫폼의 형태나 고객 경험의 형태는 달라집니다. 현재 시점에서 미래의 이상적인 모습을 그리기는 매우 어렵습니다. 하지만 이상적인 고객 경험을 실현하기 위한 '바람직한 생각'은 지금까지도 변하지 않았고 앞으로도 변하지 않을 것입니다.

'고객을 깊이 이해하는 것'은 언제까지라도 변하지 않습니다. 지금까지 감에 의존해왔던 고객에 대한 이해를 데이터를 활용함으로써 보다 정확하게 이해하는 것 뿐입니다. 데이터를 다루는 영역, 즉, 지금까지 경험하지 못했던 영역에 뛰어드는 것이기 때문에 불안을 느낄 뿐입니다. 업무의 근간은 변하지 않습니다.

조직 변혁 역시 근간에 있는 사고 방식은 변하지 않습니다. 스몰 스타트로 조직을 운용하고, 그 구조를 회사 전체로 침투시키면 됩니다. 데이터 활용이라는 영역에 국한된 이야기는 아니지만, 항상 최소의 팀으로 변혁의 씨를 만들어 내는 것입니다. 이것이야말로 지속적인 변혁에 필수불가결한 사고 방식입니다.

⊙ 지속적인 비스니스의 발전 · 변혁을 위한 직원의 참여

이후 명확하게 변할 요소들도 있습니다. '누가 고객을 이해해야 하는가?'라는 관점에서는 IT 부문의 참여가 필수입니다. 지금까지는 마케터를 중심으로 한 사업 부문이 주로 고객 분석을 수행했습니다. 하지만, 데이터 활용 프로젝트에서는 마케터뿐만 아니라 IT 부문의 구성원도 고객에 관해, 그리고 그 연계 업무에 관해 이해해야 합니다.

모든 업무는 최종적으로는 고객을 위해 수행하는 것이므로 모든 직원이 고객을 이해하고, 고객 만족도를 최대화하기 위해 하나가 돼 비즈니스에 참여해야 합니다. 그 본연의 자세를 실현하기 위한 공통 언어로서 데이터를 활용하는 것 뿐입니다.

이 책은 데이터 활용에 따른 고객 경험 고도화에 집중하고 있습니다. 진짜 목적은 고객 최우선 기업으로의 변혁이고, 비즈니스를 발전시켜 나가는 것에 있습니다. 고객 경험 고도화를 위해 상품, 서비스, IT, 조직이 하나가 되어 비즈니스 전체를 변혁해 나갑니다. 반드시 그런 조직을 갖고 데이터 활용을 추진하기 바랍니다.

제3장 확인 리스트

조직 구축·인재 육성 확인 리스트 항목	확인	참조 항목
데이터 활용을 추진함에 있어 조직 변혁과 인재 육성의 필요성을 이해하고 있다	→	3.1
데이터 활용에 따라 KGI · KPI를 수정하고 있다	→	3.2
KGI · KPI가 부문을 가로질러 운용되고 있다	→	3.2
데이터 플랫폼 도입을 사업 부문과 IT 부문이 연계해서 추진하고 있다	→	3.3
사업 부문과 IT 부문의 참여가 밀접해 커뮤니케이션이 용이하다	→	3.3
사업 부문이 데이터 리터러시를 충분하게 갖고 있다	→	3.4
KPI 취득과 운용을 사업 부문과 IT 부문 모두에서 관리하고 있다	→	3.5
데이터 활용 인재 육성 정책을 갖고 있다	→	3.5
처음에는 외부 컨설턴트가 참여하지만, 그 후 자사 인재를 등용해서 자주화할 수 있는 프로젝트가 많다	→	3.5
데이터 활용을 위한 학습과 OJT 구조, 목적이 명확하다	→	3.5
데이터 활용을 정착시키기 위한 전사적(全社的)인 의식 변혁이 이루어지고 있다	→	3.5

제 4 장

데이터 활용 사례집

사례로 보는 기업의 데이터 활용

1장~3장에서는 본연의 고객 경험 설계, 고객 데이터 플랫폼 구축 프로젝트 추진 방법, 이를 운용해 나가기 위한 조직에 관해 설명했습니다. 4장에서는 실제로 프로젝트를 추진한 기업이 어떤 과제를 안고 있어 데이터 활용을 추진하게 됐는가? 그 프로젝트는 어떻게 진행됐는가? 그 결과 어떤 성과를 얻었는가? 등의 질문에 대한 답을 얻을 수 있는 두 가지 사례를 소개합니다.

데이터 활용은 정해진 순서를 따른다고 해서 반드시 성공을 보장할 수 없습니다. 각 기업이 가진 고객 기반, 고객 접점, 강점과 약점이 다르기 때문입니다. 이를 활용하기 위한 인재나 조직, 데이터에 대한 이해 등 기업 고유의 데이터 활용에 대한 성숙도에도 의존합니다.

단, 어떻게 프로젝트를 추진하면 성공에 가까워질 수 있는지, 타사의 사례를 통해 배울 수 있는 것이 많습니다. 이번 장의 내용은 자사에서 참고해야 할 포인트를 도출하고, 구체적인 이미지를 갖기 위한 참조로 활용하기 바랍니다.

4.1

SBI 증권의 데이터 활용 추진 사례

데이터를 활용한 이니셔티브 검토

SBI 증권의 사례에서는 데이터를 활용한 이니셔티브 실시 효과의 실례와 함께 데이터를 비즈니스에 활용하기 위한 인재를 어떻게 육성했는지에 중점을 두고 소개합니다.

저축에서 투자로 개인 자산의 형태가 이동하는 가운데, 네트워크 증권 업계는 활황을 맞이하고 있습니다. 한편 경쟁 기업과의 고객 획득 경쟁도 심해지고 있으며, 고객 획득을 위해 필요한 지속적인 투자를 고려했을 때 획득한 고객의 개별 수익성을 높이는 것도 증권 회사에게 있어서는 큰 사업 과제입니다.

이런 상황에서 수익성을 높이기 위해 어떤 노력을 수행해야 할 것인지 검토하기 위해 SBI 증권에서는 고객이 지속적인 거래를 수행할 때까지의 상태 변화를 시각화했습니다. 증권 거래의 경우 계좌를 개설한 후에도 거래를 수행하기까지 초기 설정을 수행하고 증권 계좌로 입금을 해야 합니다.

그래서 SBI 증권은 이미 계좌 개설까지 마친 고객이 얼마나 거래를 수행하고 있는지 시각화하는 것부터 시작했습니다. 데이터를 기반으로 현재 상태를 올바르게 이해함으로써, 어떤 위치에 병목이 있고, 개선해야 하는지를 명확하게 할 수 있습니다.

분석 결과 명확하게 알게 된 것은 예상보다 많은, 실제로 획득한(=계좌를 개설한) 고객이 첫 번째 거래 시작까지 도달하지 못하고 있다는 사실이었습니다(그림 4.1.1).

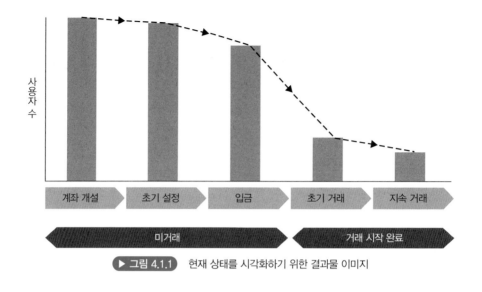

사용자 수

| 계좌 개설 | 초기 설정 | 입금 | 초기 거래 | 지속 거래 |

미거래

거래 시작 완료

▶ 그림 4.1.1　현재 상태를 시각화하기 위한 결과물 이미지

데이터에 기반해 구체적인 이니셔티브로 구현하기

지속적인 거래가 이루어지기까지의 병목 중 하나로 첫 번째 거래에 이르지 못하는 고객이 많다는 사실이 명확해졌습니다. SBI 증권에서는 그 과제를 해소하기 위한 방법을 찾기 위해 많은 검토와 시행착오를 거쳤습니다. 그중에서도 특히 효과가 높았던 이니셔티브는 '거래 이력 없는', '20~30대', '로그인한', '웹을 돌아다니며 콘텐츠를 열람하지 않은' 고객을 대상으로 금융 상품을 선택하기 위한 지원 메시지를 웹에 표시하고, 특히 열람 빈도가 높으며 유익하다고 생각되는 콘텐츠로 유도하는 것이었습니다. 실제로 이 접근 방식을 실시한 고객과 실시하지 않은 고객을 비교했을 때 거래 시작율은 약 8배 가까운 차이를 보였습니다.

이 이니셔티브가 큰 효과를 낼 수 있었던 것은 성별이나 연령 등의 '고객 속성', 거래 유무를 판별하기 위한 '거래 데이터', 웹에서의 '행동 데이터'를 교차해 타깃을 명확하게 설정했기 때문이었습니다. 이것은 개별 고객에 관한 다양한 데이터를 교차함으로써 얻은 효과입니다.

◉ 비즈니스 이해에 기반한 관점도 포함시키기

정량적인 데이터에만 의존하지 말고 고객이 거래에 이르지 못한 이유가 무엇인지, 그 가설에 기반한 접근 방식을 수행하는 것도 중요했습니다. 고객 행동을 분해하는 과정에서 '투자 의욕이 있고 계좌 개설도 했지만, 무엇부터 시작해야 할지 모르겠다'는 고객의 상태에 착안해 그 심리 상태에 대해 '투자를 시작하는 방법'이나 '투자 데뷔' 같은 콘텐츠로 유도함으로써 큰 효과를 얻을 수 있었습니다. 안내해야 할 콘텐츠역시 열람 수나 그 후의 거래 개시율 등의 데이터에 기반해 선정했습니다.

메일, 웹사이트에서의 메시지, SNS 등의 채널의 차이 역시 고객이 열람하고 행동으로 연결하는지에 영향을 주기 때문에, 데이터에 기반해 판단해야 합니다. 위에서 설명한 이니셔티브에서는 '로그인한'이라는 항목이 중요한 요소이며 웹을 통한 접근 방식이 최적이었습니다. 하지만 다른 이니셔티브를 실행했을 때는 채널에 따라 의미있는 차이가 확인되기도 했습니다(그림 4.1.2).

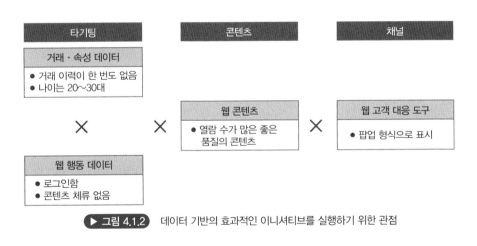

▶ 그림 4.1.2 데이터 기반의 효과적인 이니셔티브를 실행하기 위한 관점

상품을 가로지르는 데이터 활용을 추진

고객의 상태는 항상 변화하므로 그에 맞춰 적절한 접근 방식을 취해야 합니다. 그러기 위해서는 각 사업 부문이 주체가 돼 PDCA 방식으로 접근을 실행해야 합니다. SBI 증권에서는 실제로 '국내 주식'과 '투자 신탁' 같이 상품별로 조직이 나눠져 있기

때문에, 각 조직에서는 상품을 가로질러 고객 커뮤니케이션을 하는 것에 대한 의식이 부족했습니다.

그래서 먼저 상품을 가로지르는 데이터 활용을 추진하기 위해, 각 상품 부문에서 선발된 인재들을 모았습니다. 선발된 구성원에게는 실제로 데이터를 활용한 타깃 세그먼트 추출, 페르소나 이미지 책정, 접근 채널 검토, 구체적인 메시지와 같은 크리에이티브 지시, 실행한 결과의 효과 검증 등 일련의 업무를 프로젝트 안에서 경험하게 함으로써 데이터를 활용하기 위한 폭넓은 스킬을 습득하게 했습니다. 그리고 선발 구성원이 각 부문으로 돌아가 상품 부문을 가로지르는 고객 관점에서 데이터를 활용한 고객 경험 개선을 추진했습니다(그림 4.1.3).

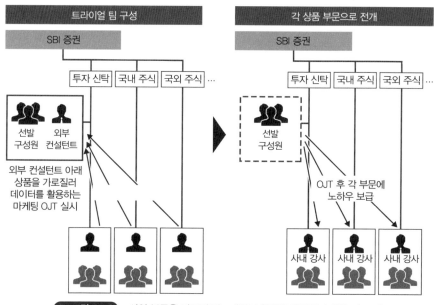

▶ 그림 4.1.3 사업 부문을 가로지르는 데이터 활용을 추진하기 위한 팀 조직

PDCA를 추진하는 인재 육성을 위한 접근 방식

각 부문으로부터 선발된 구성원이 데이터를 활용한 마케팅 스킬을 습득하기 위해 SBI 증권에서는 다음을 수행했습니다.

1. 습득해야 할 스킬맵 작성
2. 각 구성원의 스킬 수준 평가
3. 각 구성원의 스킬 습득 목표 설정

이를 정의한 상태에서 OJT(On the Job Training) 방식으로 데이터 활용 이니셔티브의 계획부터 실제 데이터 분석, 효과 측정까지를 당사(인큐데이터)의 전문 인재와 함께 실행하면서 스킬을 습득하는 것을 목표로 삼았습니다.

약 1년에 걸쳐 PDCA를 여러 차례 실행한 결과, 각 구성원은 자신들이 PDCA를 실행하기 위해 필요한 스킬을 습득하게 됐습니다. 각 사업 부문의 담당자가 데이터를 활용한 업무의 PDCA를 실행할 수 있게 됐으므로 지속적인 효과를 낳을 수 있게 됐습니다(그림 4.1.4).

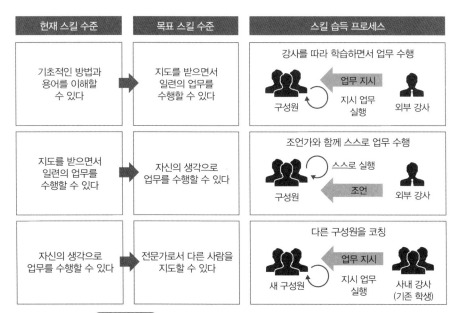

▶ 그림 4.1.4 단계적으로 데이터를 활용한 마케팅을 침투시키기

IT 부문에 매번 의존하지 않는 데이터 분석

선도적으로 데이터 활용을 추진하고 있는 기술 기업들을 제외하면, 대부분의 기업에서는 데이터 분석을 수행하기 위해 필요한 데이터 추출을 매번 IT 부문에 의뢰하거나, 활용하려는 데이터 정의를 확인해야 하는 것이 일반적입니다. 하지만 데이터를 분석할 때마다 IT 부문과 비즈니스를 주관하는 부문 사이에 커뮤니케이션을 해야 한다면 효과적인 이니셔티브를 신속하게 실행할 수 없습니다.

SBI 증권에서는 데이터를 추출하고 분석하기 위한 스킬도 각 사업 부문에서 선발된 구성원이 습득해야 할 스킬로 정의했습니다(그림 4.1.5). 이 스킬들은 하루 아침에 익힐 수 있는 것은 아니지만, 기업 안에서 데이터 활용을 추진함에 있어 필수 스킬 세트라고 생각할 수 있습니다.

필요한 역할	기초적인 방법이나 용어를 이해할 수 있다	지도를 받으면서 일련의 업무를 수행할 수 있다	자신의 생각으로 업무를 수행할 수 있으며, 비정규적인 대응도 할 수 있다	전문가로서 다른 사람을 지도할 수 있다
	Level 1	Level 2	Level 3	Level 4
마케팅 디렉션	마케팅의 일련의 업무를 이해하고 있다	작업을 분해할 수 있고, 예측할 수 있다	이니셔티브의 ROI를 고려하면서 행동을 취사선택할 수 있다	비정규적인 마케팅 과제에 대한 대응 방침을 검토·지시할 수 있다
마케팅 이니셔티브 기획	기초적인 디지털 마케팅 방법을 이해하고 있다	일련의 마케팅 프로세스를 이해하고 스스로 작업을 수행할 수 있다	방법에 얽매이지 않고 이니셔티브의 과제를 이해하고 개선할 수 있다	디지털 마케팅의 베스트 프랙티스를 갖고 있으며, 다른 사람에게 지도·조언할 수 있다
크리에이티브	페르소나나 고객 여행 지도의 형태를 이해하고 있다	비즈니스와 고객 양쪽으로 포함한 커뮤니케이션 설계 및 콘텐츠 작성을 할 수 있다	고객에게 호소하는 킬러 메시지·킬러 콘텐츠를 만들 수 있다	
데이터 엔지니어링	고객 데이터 플랫폼의 기본적인 기능을 이해하고 있다	다른 사람의 지도를 받으면서 GUI·SQL을 사용해 데이터 추출·시스템 연계를 할 수 있다	특별한 지도 없이 GUI·SQL을 구사해 엔지니어링을 할 수 있고, 에러도 직접 해소할 수 있다	안티 프랙티스·베스트 프랙티스를 이해하고 운용성·성능을 고려한 데이터 모델을 설계할 수 있다
데이터 분석	기초적인 분석 방법을 이해하고 기초적인 집계를 통해 비교 분석할 수 있다	유의미한 차이를 이해하고 지도를 받으면서 분석 설계부터 효과에 대한 시사점 도출까지 수행할 수 있다	특별한 지도 없이 기초적인 통계학도 활용하면서 분석 설계부터 효과에 대한 시사점 도출까지 수행할 수 있다	분석 방법이나 분석 결과를 비전문가에게도 알기 쉽게 전달할 수 있다

▶ 그림 4.1.5 각 사업 부문의 선발 구성원이 습득을 목표로 해야 할 스킬 세트

4.2

유카이 리조트의 디지털 마케팅 추진 사례

고객과의 직접적인 관계를 중시

두 번째 사례는 고객과의 직접적인 관계를 중시하고, 최적의 커뮤니케이션을 목적으로 디지털 마케팅 이니셔티브에 데이터를 활용하고 있는 유카이(湯快) 리조트의 사례입니다.

숙박 업계에서는 여행 대리점이나 인터넷을 통해 숙박 예약을 할 수 있는 서비스를 제공하는 OTA(Online Travel Agent)의 고객 모집력이 강합니다. 하지만 이런 채널을 사용하면 당연히 수수료가 부과됩니다. 유카이 리조트에서는 기존의 여관 사업 모델과 비교해 운용을 철저하게 효율화함으로써, 가격이 저렴하면서도 만족도가 높은 서비스를 목표로 하고 있습니다. 예를 들어 짐은 고객이 직접 객실로 옮기도록 하고, 식사는 큰 거실에서 뷔페식으로 제공합니다. 이런 사업 모델에서 수익을 확보하기 위해 다이렉트 채널의 고객을 늘리는 것을 마케팅 측면에서 매우 중요하게 생각했습니다(그림 4.2.1).

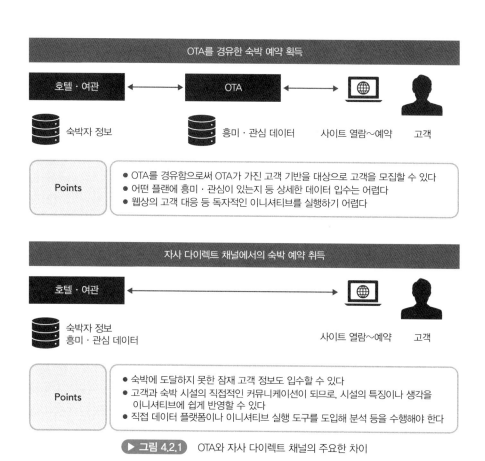

▶ 그림 4.2.1 OTA와 자사 다이렉트 채널의 주요한 차이

유카이 리조트의 메일 회원은 약 60만 명이지만 창업 당시부터 종이 매체로 보내는 다이렉트 메일, 온라인 메일, 자사 웹사이트에서의 접근을 중시해왔기 때문에 직접 예약 비율이 예약자 전체의 절반 이상을 점유하고 있습니다. 이것은 동종 업계의 다른 기업에 비해 높은 수준입니다.

점진적으로 디지털에 대한 사내 이해를 높이기

2017년경까지는 대중 매체에 편중한 마케팅을 수행했습니다. 웹 리스팅(web listing) 광고도 일부 진행했지만 신문 광고, TV CM, 종이 다이렉트 메일이 비용의 대부분을 차지했습니다.

하지만 대중 매체 광고로 대응할 수 없는 부분을 보완할 필요가 대두되면서 2018년 경부터는 디지털을 활용한 커뮤니케이션 이니셔티브에도 뛰어들기 시작했습니다. 처음에는 수십만 원 정도의 디지털 광고에서 시작해, 실행과 검증을 반복하면서 몇 개월 뒤에는 수억 원의 예산을 투입하는 수준에 이르렀습니다.

당초에는 디지털 마케팅으로 고객을 모으는 것이 가능한가 하는 회의적인 시각이 지배적이었습니다. 이에 디지털 광고를 통해 확실히 예약을 얻고, 이익을 얻는 것을 수치로 제시함으로써 증명해야 했습니다. 초기에는 숙박 예약을 목표로 하는 전환 확득에 집중적으로 노력해 실적을 올렸습니다. 사내에서의 계발 활동도 함께 추진하면서 점진적으로 성과를 쌓았습니다.

사일로화된 데이터를 통합해 고객 경험을 향상시키기

사내에서 점진적으로 디지털 마케팅에 대한 리터러시가 향상되고, 데이터를 활용한 마케팅 아이디어들이 움직이기 시작했습니다. 하지만 데이터 사일로화되어 버리는 과제가 있었습니다. 당시는 PMS(Property Management System)라는 숙박 시설용 시스템에 고객의 숙박 정보를 저장하고, 메일 매거진 회원과 종이 다이렉트 메일 회원을 각각 다른 데이터베이스에 저장했습니다. 관리 주체 역시 PMS은 시스템 부문, 메일 매거진은 마케팅 부문, 종이 다이렉트 메일은 영업 기획 부문으로 나뉘어 있었습니다.

그 결과 메일 매거진을 통해 캠페인 정보를 알고 있는 고객에게 종이 다이렉트 메일도 보내 불필요한 비용이 들거나 예약을 완료한 고객에게 할인 쿠폰을 보내는 등 많은 기회 비용 손실이 발생했습니다.

2022년 8월부터 부문별로 보관돼 있던 데이터를 통합해 고객을 깊이 이해하기 위해 CDP·MA·BI를 도입하고 이들을 활용한 마케팅 이니셔티브를 추진하게 됐습니다. 시스템별로 각 역할을 정의하고 도입을 추진했습니다(그림 4.2.2).

- CDP: 데이터를 수집하고 축적한다
- MA: 서비스·정보를 전달한다
- BI: 데이터를 시각화한다

약 1개월 동안 요구사항을 정의하고, 그 후 2개월 동안 일련의 데이터 분석·활용 시스템을 구축하고 매우 빠른 속도로 릴리스했습니다.

CDP	MA	BI
● One to One 커뮤니케이션 실현에 필요한 각종 데이터 수집·축적 ● MA·BI에서 사용하기 쉬운 형태로 데이터 가공·변환 ● MA·BI로 데이터 연계 ● 기타 비정기적인 데이터 집계 ※ 이니셔티브 실시 대상자(세그먼트) 작성을 CDP에서 완결하지 않고 MA에서 일부 수행함으로써, 이니셔티브의 PDCA를 수행하기 쉽게 한다 ※ 장기간 데이터를 저장할 수 있다	● CDP로부터 받은 데이터를 활용해 One to One 커뮤니케이션 실행 ● 고객에게 전달하는 텍스트(메일, SMS의 문장)와 크리에이티브를 GUI로 설정 ● 시나리오별 효과 측정 ● 마케터가 설정을 변경하고 유연하게 PDCA 실시 ※ 일기예보 등 외부 소스 데이터를 실시간으로 취득해서 텍스트에 반영할 수 있다	● KI 모니터링 ● 탐색적 데이터 분석 ※ 각 MA 시나리오별 KPI 확인은 MA에서 수행하고, 이니셔티브 전체의 효과 측정이나 심층 분석을 위해 활용한다 ※ 장래에는 경영 대시보드로의 활용도 가능하다

▶ 그림 4.2.2　CDP, MA, BI의 주요한 역할을 정의

개인 정보 리스크를 고려한 시스템 구성

다이렉트 메일을 발송하거나 메일 매거진을 전송할 때는 숙박자 정보나 메일 주소 등의 개인 정보를 다루게 됩니다. 안전한 환경을 구축하기 위해 CDP 안에서는 개인 정보를 포함하는 데이터베이스와 개인 정보를 포함하지 않는 데이터베이스를 논리적으로 나눠서 구축했습니다. MA에서 매일 매거진 전송 등을 위해서는 개인 정보가 필요하지만, BI에서 분석할 때는 개인 정보가 필요하지 않으므로 그 정보들을 삭제하거나 익명화한 상태로 저장합니다(그림 4.2.3).

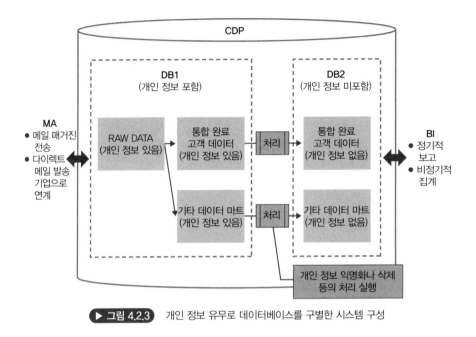

▶ 그림 4.2.3   개인 정보 유무로 데이터베이스를 구별한 시스템 구성

마케팅 이니셔티브에서의 활용

이렇게 고객을 이해하기 위한 데이터를 정비한 상태에서 메일에서의 데이터를 활용하고 자사 웹사이트에서의 팝업 표시 등을 구현했습니다. 회원 전체를 대상으로 전송했던 과거의 메일 매거진과, 데이터를 분석해 적절한 타기팅을 수행해 전송한 결과를 비교하니 예약자 수는 160%나 증가했습니다.

이후에는 어떤 온천 시설에서 숙박한 고객에게 다음에 어떤 시설을 추천할 때 재방문할 것인가, 그러기 위해서는 숙박한 뒤 며칠 후 커뮤니케이션하는 것이 최적인가 같은 가설을 순차적으로 만들어 실행하는 것을 구상하고 있습니다.

장기적으로는 마케팅뿐만 아니라 고객의 터치 포인트를 최적화하고, 일련의 데이터를 고객 서비스 및 예약 콜센터와도 연계하는 것을 고려하고 있습니다(그림 4.2.4).

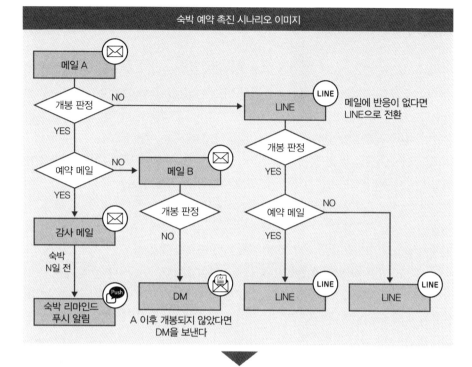

숙박 예약 촉진 시나리오 이미지

메일 A

개봉 판정 — NO → LINE
메일에 반응이 없다면
LINE으로 전환

YES

예약 메일 — NO → 메일 B

YES

감사 메일

숙박
N일 전

개봉 판정

YES

예약 메일 — NO

YES

개봉 판정

NO

숙박 리마인드
푸시 알림

DM

A 이후 개봉되지 않았다면
DM을 보낸다

LINE

LINE

시나리오 실행 결과를 데이터 분석함으로써 얻은 시사점

- 각 고객에게 반응이 좋은 커뮤니케이션 채널은 무엇인가?
- 고객에게 접근할 때 가장 적절한 시점은 언제인가?
- 안내한 숙박 시설이나 특전을 각 고객이 선택하고 있는가?

▶ **그림 4.2.4** 마케팅 이니셔티브와 그 결과를 분석하는 이미지

마치며

이 책은 데이터 활용이라는 폭넓은 주제 가운데서도 비즈니스 성과로 직결시키는 것을 의식해 고객 경험을 향상시키고 마케팅 이니셔티브에 활용하는 것을 중심으로 썼습니다.

고객 이해나 고객 경험이라는 키워드 때문에 이 책의 내용 마케팅 부문에만 해당한다고 받아들인 분들도 있을지 모르겠습니다. 하지만 책에서도 다뤘듯 디지털화가 진행되고 다양한 고객 데이터를 수집할 수 있게 되면서, 마케팅 부문은 물론 기업이 고객 데이터를 사업 전체에서 얼마나 잘 활용하는가 하는 관점이 매우 중요해졌습니다.

이제는 고객을 중심으로 한 상품·서비스 기획, 공급망 최적화, 경영 관리 등 사업 전체에서 고객 데이터가 활용될 것입니다. 이때 중요한 것은 통합된 고객 데이터, 그리고 그 데이터를 사업에 활용하기 위한 사고 방식과 구조 자체입니다. 고객 경험 향상을 사업적인 목표로 삼고 있더라도 그 객관적인 바탕이 되는 데이터를 충분하게 활용하지 못하고 있다고 느낀다면 이 책에서 설명한 내용들을 실행해 보는 것도 좋습니다.

이 시점에서 우리(인큐데이터)가 하고 있는 비즈니스로 눈을 돌려보면, 데이터 활용을 지원하는 업계의 구조 자체가 크게 달라지고 있다는 것을 실감합니다. 소위, 컨설팅 기업이 경영이나 사업 전략을 중심으로 사업을 전개했던 시기에서 점점 데이터 활용이나 이니셔티브 실행까지 포함한 영역으로 지원을 확대하고 있습니다. 광고 회사는 광고주인 사용자를 보다 정확하게 이해하고 다양한 마케팅에 활용하기 위해, 소위, 퍼스트파티 데이터(first-party data, 광고주의 고객 데이터)에 점점 더 많이 관여하고 있습니다. 시스템 통합자(Integrator)는 시스템 개발과 데이터 플랫폼 구축뿐만 아니라, 해당 시스템의 필요성을 설득하기 위한 전략에 관여하거나 구축 이후 데이터 분석 등 폭넓은 영역에 깊이 관여하려 하고 있습니다.

책에서도 다뤘던 CDP, MA, BI를 포함해 다양한 솔루션을 가진 벤더들이 자사가 커버하는 영역을 확장하기 위해 최적의 아키텍처를 구성하기 때문에 세세하게 기능을 나누어 도입하는 것도 매우 어렵습니다.

책에서는 다루지 않았지만 조직 전체에 데이터 활용이 침투하는 것과 동시에 데이터 취급 정책과 데이터 품질 관리, 개인 정보 보호 등 데이터를 적절하게 관리하기 위한 데이터 거버넌스도 필요합니다.

이렇게 데이터 활용이라는 하나의 용어 안에 관련된 솔루션을 제공하는 다양한 플레이어가 존재합니다. 그리고 조직 안에서의 데이터 활용 추진 정도에 비례해서 기업이 노력해야 하는 과제도 늘어나고 있습니다. 이 전체 이미지를 설계하고 비즈니스 성과로 연결하는 것은 결코 간단하지 않으며 매우 어려운 미션이라고 느끼고 있습니다.

우리는 그런 중요하고도 어려운 미션을 성공시키기 위해 데이터 활용의 전문가로서, 기업의 파트너로서 전력을 다하고 있습니다. 이 책도 '아이디어가 스스로 운영될 수 있는 세계를 만든다'는 당사의 목적을 실현하기 위한 것입니다. 데이터 활용을 추진하고자 하는 여러분에게 조금이나마 도움이 되기를 바랍니다.

마지막으로 책에 도입 사례를 수록할 수 있도록 검토 및 승인해 주신 각 기업 여러분, 집필 작업을 함께 해준 카와이(河井)씨와 오카나가(岡永)씨, 많은 다이어그램을 그려준 젊은 컨설턴트, 마케팅 부문 여러분, 그리고 매일 고객과 만나고 훌륭한 실적을 쌓아 주고 있는 현장의 컨설턴트, 출간을 위해 노력해 주신 모든 관계자분들에게 감사의 말씀을 전합니다.

솔루션 부문 본부장
이이즈카 타카유키(飯塚貴之)

찾아보기